GUIA
CATRACA
LIVRE

PubliFolha

CATRACA LIVRE

© 2012 Catraca Livre Portal e Comunicação

Coordenação Geral
Alessandra Trindade

Coordenação de Pesquisa e Texto
Carolina Andrade

Pesquisa e Texto
Camila Passetti

Fotos de Capa
Victor Dragonetti Tavares – Drago

Projeto Gráfico
Kong Rex

Copidesque e Revisão
Frank Oliveira

Realização

at consultoria cultural   CATRACA LIVRE   A&A comunicação

2012

Este guia contou com o apoio da Ambev, responsável pelo **Movimento CYAN – Quem vê a água enxerga seu valor** (www.movimentocyan.com.br), que é um amplo conjunto de iniciativas, como o Banco CYAN, que visa mobilizar e conscientizar a sociedade sobre o uso racional da água.

As informações deste guia foram atualizadas até o momento da impressão. No entanto, alguns dados, como telefone e horário de funcionamento, estão sujeitos a mudanças. Caso necessite atualizar informações, consulte www.catracalivre.com.br

Dados Internacionais de Catalogação na Publicação (CIP)
Câmara Brasileira do Livro, SP, Brasil

Guia Catraca Livre / [coordenação geral Alessandra Trindade]. –
3. ed. – São Paulo : Publifolha, 2012.

ISBN 978-85-7914-388-5

1. São Paulo (SP) – Guias 2. Turismo – São Paulo (SP) 3. Viagens
– Guias I. Trindade, Alessandra.

12-07467   CDD-918.161104

Índice para catálogo sistemático:
1. Guia : São Paulo : Cidade : Descrição   918.1611047
2. São Paulo : Cidade : Descrição : Guias   918.1611047

Direitos desta edição reservados à:
Publifolha – Divisão de Publicações
da Empresa Folha da Manhã S.A.
Al. Barão de Limeira, 401, 6º andar,
Campos Elíseos, CEP 01202-900, São Paulo, SP
Tel.: (11) 3224-2186/2187/2197
Fax: (11) 3224-2163

Sob licença de:
Catraca Livre Portal e Comunicação
Rua Gonçalo Afonso, 55, Vila Madalena,
CEP 05436-100, São Paulo, SP
Tel.: (11) 3815-1109 / 3814-9237

Todos os direitos desta edição reservados à Publifolha – Divisão de Publicações da Empresa Folha da Manhã S.A. Nenhuma parte desta publicação pode ser reproduzida, arquivada ou transmitida de nenhuma forma ou por nenhum meio sem a permissão expressa e por escrito da Publifolha.

sumário

8 Dicas Catraca Livre

18 Audiovisual

26 Artes Visuais

48 Leitura

72 Música

90 Teatro e Dança

100 Passeios

124 Cursos e Oficinas

Símbolos

- Dica Catraca Livre
- $ Preços Populares
- Estação de Metrô

CONHECER PARA USUFRUIR

A primeira edição do *Guia Catraca Livre* mostrou que, em uma cidade como São Paulo, as oportunidades podem surgir onde menos se espera. Mesmo quem acha que conhece bem a metrópole descobre que há muito a fazer e muitos espaços a conquistar. E o melhor: boa parte dessa cultura e desse lazer pode ser gratuita ou oferecida a preços populares.

Esta segunda edição, realizada com o apoio da Ambev, foi revista e ampliada (no número de páginas e na quantidade de informações), o que permitiu o exercício da vocação do *Catraca Livre* de mapear e disseminar informações sobre eventos culturais e potencializar o uso dos equipamentos existentes. Assim, oferece ao leitor não apenas indicações de shows, museus e exposições mas também uma variedade de cursos, oficinas e locais de leitura, ao mesmo tempo que coloca a sua disposição o refúgio de locais arborizados, agradáveis, que convidam a uma caminhada. A divisão do *Guia* por cores e áreas facilita a procura, conforme o interesse de cada um, e as indicações de transporte público possibilitam que todos tenham acesso a praticamente tudo.

O *Guia* apresenta as informações mais atualizadas e completas sobre eventos, localização, agenda e meios de acesso. Na definição das regiões da cidade, foram utilizadas as indicações da Prefeitura, com a consciência de que demarcações como Zona Norte ou Zona Oeste nem sempre são precisas.

Conhecer para usufruir. Assim, mais uma vez, o *Guia Catraca Livre* busca conectar os paulistanos à sua cidade, à sua história, para o pleno exercício da cidadania.

Os Editores

UMA CIDADE ACESSÍVEL A TODOS

A experiência do projeto Catraca Livre nasceu de uma suspeita: a de que a cidade de São Paulo, tão repleta de muros, poderia ser vista como um gigantesco palco, acessível não apenas aos mais ricos. Começou-se então um inusitado mapeamento do que acontece de graça e a preço popular: exposições, shows, oficinas culturais, palestras, concertos, festas, filmes, peças, literatura.

A cada dia se avolumam mais e mais dados – e a percepção de que, por trás da exclusão, havia também uma total falta de informação. As pessoas simplesmente não conheciam – aliás, a maioria nem fazia a menor ideia – as possibilidades paulistanas. Não havia, até então, esse tipo de listagem, o que existia estava desconectado. Menos informações ainda havia sobre o que se passa na periferia.

Montou-se então uma plataforma multimeios, envolvendo não apenas redes de internet, mas rádio, televisão e jornal, a partir dos dados armazenados e atualizados diariamente no www.catracalivre.com.br.

Por trás desses dados estava a certeza de que o melhor que uma cidade pode ser é uma incubadora de talentos, gerando criatividade e convivência – o que, em essência, significa viver numa comunidade de aprendizagem. Portanto, o projeto já nasce com a ideia de que educação e cultura se mesclam e se confundem. Diante de tanta violência, essa mistura se transforma em resistência contra os muros e suas intermináveis catracas.

A mais completa publicação com dicas Catraca Livre, este livro é mais do que um roteiro cultural – é a ideia de uma cidade melhor por ser mais acessível a todos.

Gilberto Dimenstein

DICAS
CATRACA LIVRE

19 CENTRO CULTURAL BANCO DO BRASIL

22 CINEMATECA BRASILEIRA

29 MATILHA CULTURAL

29 INSTITUTO ITAÚ CULTURAL

32 MASP – MUSEU DE ARTE DE SÃO PAULO

33 MUSEU DA LÍNGUA PORTUGUESA

50 CASA DAS ROSAS

61 SARAU DA COOPERIFA

73 CENTRO CULTURAL FIESP RUTH CARDOSO

75 GALERIA OLIDO

78 CENTRO CULTURAL DA JUVENTUDE RUTH CARDOSO

86 SESC POMPEIA

91 CENTRO CULTURAL SÃO PAULO – ESPAÇO CÊNICO ADEMAR GUERRA

120 PARQUE DA ÁGUA BRANCA

129 CASA DO ZEZINHO

AUDIOVISUAL

audiovisual | zona central

Centros Culturais

$ CENTRO CULTURAL BANCO DO BRASIL

Além de promover lançamentos alternativos e independentes, a sala de cinema do Centro Cultural oferece com frequência mostras que se destacam na programação da cidade. Possui capacidade para 70 pessoas e é habilitada para realizar transmissão simultânea para o auditório e o teatro.

Site: www.bb.com.br/cultura
Telefones: (11) 3113-3651 /
(11) 3113-3652
Endereço: Rua Álvares Penteado, 112 – Centro
⬥ Estações Sé e São Bento
Funcionamento: de terça a domingo, das 9h às 20h
Entrada Catraca Livre e preços populares

INSTITUTO ITAÚ CULTURAL

O instituto foi criado com o intuito de desenvolver e organizar processos, gerar conhecimento sobre as artes brasileiras e buscar compreender práticas culturais para, com base nelas, ampliar o acesso à cultura e impulsionar a participação social. Há mais de 20 anos promove e divulga a produção artística brasileira, incluindo a cinematográfica, no Brasil e no exterior.

Site: www.itaucultural.org.br
Telefone: (11) 2168-1700
Endereço: Avenida Paulista, 149 – Bela Vista
⬥ Estação Brigadeiro
Funcionamento: de terça a sexta, das 9h às 20h / sábados, domingos e feriados, das 11h às 20h
Entrada Catraca Livre

$ CENTRO CULTURAL SÃO PAULO

Com capacidade para 99 pessoas, a sala Lima Barreto, localizada no Centro Cultural, oferece programação mensal com diferentes temas, de terça a domingo, a partir das 16h. A seleção de filmes vai dos clássicos aos contemporâneos, abrangendo todos os gêneros, e, segundo a curadoria do espaço, "visa apontar para o futuro horizonte de um cinema mais flexível, ousado e independente".

Site: www.centrocultural.sp.gov.br
Telefones: (11) 3397-4002 /
(11) 3397-4062
Endereço: Rua Vergueiro, 1000 – Paraíso
⬥ Estação Vergueiro
Funcionamento: de terça a domingo, das 10h às 21h
Entrada Catraca Livre e preços populares

audiovisual | zona central

Salas de Cinema

$ CINE OLIDO
Localizada na Galeria Olido, a sala de cinema, com capacidade para 236 pessoas, tem programação variada, com curtas, médias e longas-metragens, organizada por ciclos temáticos de autores, gêneros e países, sempre priorizando a produção brasileira. A galeria também promove espetáculos musicais, exposições, oficinas de dança e informática.

Site: www.prefeitura.sp.gov.br/cidade/secretarias/cultura/galeria_olido
Telefones: (11) 3331-8399 / (11) 3397-0171
Endereço: Avenida São João, 473 – República
⬥ Estação República
Funcionamento: de terça a domingo, das 10h às 21h
Entrada Catraca Livre e preços populares

MATILHA CULTURAL
Instalada em três andares de um edifício no centro da cidade, a entidade exibe variada programação independente, sem fins lucrativos. No cinema, a programação se destaca por oferecer filmes fora do circuito comercial, que incluem, entre outros, documentários de relevância socioambiental. Detalhe: o espaço permite que os frequentadores entrem com cachorros.

Site: www.matilhacultural.com.br
Telefone: (11) 3256-2636
Endereço: Rua Rego Freitas, 542 – República
⬥ Estação República
Funcionamento: programação disponível no site
Entrada Catraca Livre

Cineclubes

CAMBUCINEMA
Com capacidade para 50 pessoas, o espaço oferece sessões de cinema que têm como proposta despertar a crítica social e política. Realizadas quinzenalmente aos sábados, essas sessões incluem rodas de debate sobre o conteúdo apresentado. O local é assim um ponto de encontro para assistir a um bom filme e conversar com apaixonados por cinema.

Site: www.cambucinema.blogspot.com
Endereço: Rua Otto de Alencar, 270 – Incubadora de Projetos Sociais da Prefeitura (próximo ao Largo do Cambuci)
Funcionamento: programação disponível no site
Entrada Catraca Livre

LUNETIM MÁGICO
Fomenta a realização de filmes e vídeos independentes de jovens cineastas. Desde 2005, o projeto, realizado em parceria com o Centro Cineclubista de São Paulo, busca difundir a produção audiovisual alternativa e debater a produção e o cinema nacional. Fundamentado na prática do "faça você mesmo", é também ponto de encontro de jovens paulistanos, que se reúnem em torno do audiovisual, da cultura popular brasileira, da literatura e das artes.

Site: www.lunetim.blogspot.com
Telefone: (11) 7038-6836 (Jonilson)
Endereço: Rua Augusta, 1239, 1.º andar, conjuntos 13 e 14 – Consolação
⬥ Estação Consolação
Funcionamento: programação disponível no site
Entrada Catraca Livre

PÓLIS
Inaugurado em 2006, o Cineclube Pólis nasceu de um projeto do Instituto Pólis, ligado à área de desenvolvimento cultural e filiado à Federação Paulista de Cineclubes e ao Conselho Nacional de Cineclubes. O espaço mantém sessões regulares, nas quais são apresentados filmes que costumam ficar ausentes dos grandes circuitos comerciais,

audiovisual | zona **norte**

principalmente produções nacionais. Após as exibições, o público participa de debates com convidados, como, por exemplo, diretores ou pessoas envolvidas na produção do filme. O objetivo da programação é, por meio do lazer, da informação e dos encontros, buscar a democratização do audiovisual.

Site: www.cineclubepolis.wordpress.com
Telefone: (11) 2174-6840
Endereço: Rua Araújo, 124 – Centro
◆ Estação República
Funcionamento: programação disponível no site
Entrada Catraca Livre

Centros Culturais

CENTRO CULTURAL DA JUVENTUDE RUTH CARDOSO

Entre as atividades promovidas pelo espaço, como circo, dança, teatro, saraus, rodas de leitura, entre outras, estão as mostras de cinema, que acontecem na praça do cemitério Cachoeirinha, em frente à instituição. Além das exibições ao ar livre, o evento, que recebe o nome de Cinetério, tem discotecagem, apresentação musical e intervenções visuais.

Site: ccjuve.prefeitura.sp.gov.br
Telefone: (11) 3984-2466
Endereço: Avenida Deputado Emílio Carlos, 3641 – Vila Nova Cachoeirinha
Funcionamento: de terça a sábado, das 10h às 20h / domingos, das 10h às 18h
Entrada Catraca Livre

$ SESC SANTANA

Além de promover mostras de cinema, o Sesc Santana oferece sessões gratuitas, com produções variadas, sempre às terças-feiras, a partir das 20h. O teatro possui capacidade para mais de 300 pessoas.

Site: www.sescsp.org.br
Telefone: (11) 2971-8700
Endereço: Avenida Luiz Dumont Villares, 579 – Santana
Funcionamento: de terça a sexta, das 10h às 22h / sábados, das 10h às 21h / domingos e feriados, das 10h às 19h
Entrada Catraca Livre e preços populares

Exibições de Rua

CINESCADÃO

O projeto promove apresentações de filmes todo último sábado de cada mês, a partir das 18h. As sessões são realizadas diante de uma escadaria, e os degraus se transformam em poltronas.

Telefone: (11) 6737-1085 (Sérgio)
Endereço: Altura do n.º 1000 da Avenida Massao Watanabe – Jardim Peri Novo
Funcionamento: último sábado de cada mês, das 18h às 21h
Entrada Catraca Livre

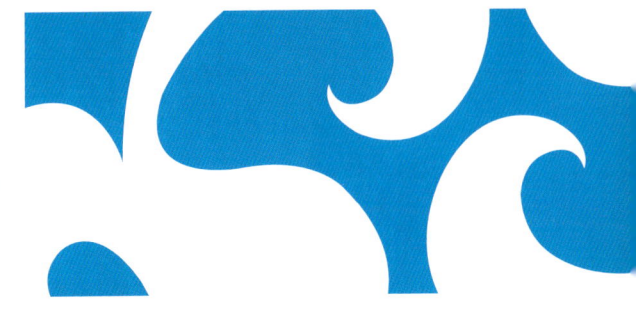

audiovisual | zona sul

Centros Culturais

CINEMATECA BRASILEIRA

Além das exibições de longas-metragens, oferece um rico acervo sobre cinema e promove empréstimo de material audiovisual, telecinagem e outros serviços ligados à produção cinematográfica. Com a proposta de preservar a produção audiovisual brasileira, desenvolve atividades de difusão e restauração do acervo, um dos maiores da América Latina. São cerca de 200 mil rolos de filme, entre longas, curtas e cinejornais. Possui também um amplo acervo de documentos, formado por livros, revistas, roteiros originais, fotografias e cartazes. Destaque para a Sala Cinemateca, que dispõe de projetores analógicos e digitais de última geração.

Site: www.cinemateca.gov.br
Telefone: (11) 3512-6111, ramal 210
Endereço: Largo Senador Raul Cardoso, 207 – Sala BNDES – Vila Clementino
◆ Estação Vila Mariana
Funcionamento: programação disponível no site
Entrada Catraca Livre

JARDIM MIRIAM ARTE CLUBE

Por meio do uso da linguagem cinematográfica digital, o Jamac levanta discussões sobre arte e violação dos direitos humanos. É também um espaço voltado para experimentações artísticas.

Site: www.jamacdigital.wordpress.com
Telefone: (11) 5626-9720
Endereço: Rua Maria Balades Corrêa, 8 – Jardim Lusó
Funcionamento: programação disponível no site
Entrada Catraca Livre

Cineclubes

CINE BUTECO

O Cine Buteco é um dos projetos pertencentes ao Sarau da Ademar, um grupo de incentivo à cultura dos bairros Pedreira e Cidade Ademar, ambos na região sul de São Paulo. O Núcleo de Comunicação Alternativa é responsável pela execução da atividade.

Site: www.sarau-da-ademar.blogspot.com
Telefones: (11) 9466-9067 / (11) 8375-6371 (Lid's)
Endereço: Rua Professor Felício Cintra do Prado, 152 – Bar do Carlinhos – Cidade Ademar
Funcionamento: último domingo do mês, às 17h
Entrada Catraca Livre

CINEFAVELA

Além de produzir filmes, promover cursos de teatro, aulas de capoeira e um festival de cinema anual, com projeções itinerantes, o CineFavela exibe uma sessão de cinema por semana, aos domingos, a partir das 16h.

Site: www.cinefavela.org.br
Telefone: (11) 2914-2275
Endereço: Rua da Alegria, 63C – Associação Cultural Artística de Heliópolis e Sacomã (ACAHS)
◆ Estação Brás
Funcionamento: programação disponível no site
Entrada Catraca Livre

CINEMA NA LAJE

O projeto faz parte da Cooperifa – sarau de grande expressão – e oferece uma sala de cinema ao

audiovisual | zona **sul**

ar livre na laje do Zé Batidão, quinzenalmente às segundas-feiras, a partir das 20h. Propõe exibição de filmes e documentários de diversas regiões do Brasil.

Site: www.cooperifa.blogspot.com/
Telefone: (11) 5891-7403
Endereço: Rua Bartolomeu dos Santos, 797 – Jardim São Luís
Funcionamento: programação disponível no site
Entrada Catraca Livre

$ CINE SEGALL

Localizado no Museu Lasar Segall, o cinema reformado em 2009 exibe lançamentos e filmes do circuito comercial.

Site: www.museusegall.org.br
Telefone: (11) 5574-7322
Endereço: Rua Berta, 111 – Vila Mariana
Funcionamento: de terça a sábado, das 14h às 19h / domingos, das 14h às 18h
Preços populares

SESSÃO CINECLUBE 16MM

Com filmes exibidos na Biblioteca Roberto Santos, inaugurada em 1953, é um ponto de encontro de cinéfilos, com a tradicional sessão aos sábados.

Site: www.prefeitura.sp.gov.br/cidade/secretarias/cultura/bibliotecas/bibliotecas_bairro/bibliotecas_m_z/robertosantos
Telefones: (11) 2063-0901 / (11) 2273-2390
Endereço: Rua Cisplatina, 505 – Ipiranga
Funcionamento: consulte a programação no site
Entrada Catraca Livre

audiovisual | zona leste

Centros Culturais

CASA DA CULTURA ITAIM PAULISTA

Além de promover mostras pontuais de cinema, a Casa da Cultura inaugurou recentemente o projeto Tela Clandestina, pelo qual são exibidos documentários com o intuito de promover debates sobre vários temas que atingem a sociedade. As sessões acontecem sempre no quarto sábado de cada mês, a partir das 18h.

Site: www.centroculturalitaim
paulista.blogspot.com
Telefone: (11) 2568-3329
Endereço: Avenida Barão de Alagoas, 340 – Itaim Paulista
Funcionamento: de segunda a domingo, das 9h às 21h
Entrada Catraca Livre

Cineclubes

TIDE SETUBAL

O cineclube faz parte da programação da Fundação Tide Setubal e acontece no Clube da Comunidade. São exibidos dois filmes, geralmente no primeiro sábado de cada mês. Os gêneros variam ao longo do ano. Há comédia, drama, ação, aventura, animação e documentários. A seleção vai de clássicos do cinema a sucessos do momento.

Site: www.fundacaotide
setubal.org.br
Telefone: (11) 2297-5969
Endereço: Rua Mário Dallari, 170 – São Miguel Paulista
Funcionamento: de segunda a sábado, das 8h às 17h
Entrada Catraca Livre

ASSESSORIA DE IMPRENSA

ESCOVAR OS DENTES

AO ESCOVAR OS DENTES FECHE A TORNEIRA. COM ISSO, VOCÊ ECONOMIZA ATÉ **11 LITROS** DE ÁGUA.

BANCOCYAN.COM.BR

BANHO

5 MINUTOS NO BANHO É MAIS DO QUE SUFICIENTE E VOCÊ AINDA POUPA 100 **LITROS** DE ÁGUA.

PARA ECONOMIZAR AINDA MAIS ÁGUA, EVITE ENTUPIMENTO. NÃO JOGUE PAPEL, FIO DENTAL, CABELO E QUALQUER OUTRO TIPO DE LIXO DENTRO DO VASO SANITÁRIO.

audiovisual | zona oeste

Centros Culturais

MUSEU BRASILEIRO DA ESCULTURA

O Cineclube MuBE, inaugurado em 2009 e com sessões aos sábados no Auditório Pedro Piva, exibe filmes do circuito alternativo de cinema.

Site: www.mube.art.br
Telefone: (11) 2594-2601
Endereço: Avenida Europa, 218 – Auditório Pedro Piva – Jardim Europa
Funcionamento: de terça a domingo, das 10h às 19h
Entrada Catraca Livre

$ MUSEU DA IMAGEM E DO SOM

O MIS recebe festivais e mostras de cinema nacionais e internacionais, vídeos, exibições do circuito comercial e ainda apresentações de cinema com música ao vivo. As exibições acontecem no Auditório MIS, com capacidade para 174 pessoas.

Site: www.mis.sp.gov.br
Telefone: (11) 2117-4777
Endereço: Avenida Europa, 158 – Auditório MIS – Jardim Europa
Funcionamento: de terça a sábado, das 12h às 22h / domingos e feriados, das 11h às 21h
Entrada Catraca Livre e preços populares

Cineclubes

$ CANVAS

O projeto, promovido pela Serralheria Espaço Cultural e Produtora, reúne profissionais e amantes do cinema para discussões sobre tecnologia e arte, além de exibir trabalhos experimentais. Os encontros são abertos ao público e acontecem uma vez a cada dois meses.

Site: www.escapeserralheria.org
Telefones: (11) 6794-0124 / (11) 8272-5978
Endereço: Rua Guaicurus, 857 – Lapa (próximo ao terminal de ônibus da Lapa)
Funcionamento: programação disponível no site
Preços populares

$ CINESESC

Ampla sala de cinema que oferece programação especial. Diversas mostras são promovidas ao longo do ano. O diferencial é o bar com acesso ao filme, o que permite aos visitantes saborearem um café ou guloseimas enquanto apreciam a sessão.

Site: www.sescsp.org.br
Telefone: (11) 3087-0500
Endereço: Rua Augusta, 2075 – Cerqueira César
◊ Estação Consolação
Funcionamento: de segunda a domingo, das 14h às 22h
Preços populares

CINUSP PAULO EMÍLIO

Fundado em 1973, o Cinusp é um órgão ligado à pró-reitoria de Cultura e Extensão da Universidade de São Paulo (USP). Realiza mostras temáticas. Algumas exibições são seguidas de palestras ou debates.

Site: www.usp.br/cinusp
Telefone: (11) 3091-3540
Endereço: Rua do Anfiteatro, 181 – Colmeia Favo 4 – Cidade Universitária
Funcionamento: de segunda a sexta, das 16h às 19h
Entrada Catraca Livre

SOCIOAMBIENTAL

Sediado na Sala Crisantempo, objetiva ampliar os espaços de discussão e o esclarecimento sobre mudanças de hábitos que possam trazer benefícios à relação do homem com os bens naturais do planeta. Além das sessões, que acontecem todas as quintas-feiras às 20h, o espaço promove debates sobre filmes com temática socioambiental, oficinas e eventos, como feiras de troca.

Site: www.cineclubesocioambiental.org.br
Telefone: (11) 3814-2850
Endereço: Rua Fidalga, 521 – Sala Crisantempo – Vila Madalena
◊ Estação Vila Madalena
Funcionamento: programação disponível no site
Entrada Catraca Livre

ARTES VISUAIS

artes visuais | zona central

Centros Culturais

AÇÃO EDUCATIVA
Busca promover os direitos educativos e da juventude, com foco na justiça social, na democracia participativa e no desenvolvimento sustentável do Brasil. Oferece atividades relacionadas a música, cursos e exposições, além de ser responsável pela Agenda da Periferia, guia cultural da periferia da cidade de São Paulo.

Site: www.acaoeducativa.org.br
Telefone: (11) 3151-2333
Endereço: Rua General Jardim, 660 – Vila Buarque
Funcionamento: programação disponível no site
Entrada Catraca Livre

CAIXA CULTURAL SÉ
O espaço fomenta diversos tipos de manifestação cultural. A programação inclui exposições de artes plásticas, fotografias e instalações, além de shows musicais, teatro, dança, cursos e oficinas.

Site: www.caixacultural.com.br
Telefone: (11) 3321-4400
Endereço: Praça da Sé, 111 – Centro
⛢ Estação Sé
Funcionamento: de terça a sábado, das 9h às 21h
Entrada Catraca Livre

CASA DA DONA YAYÁ
Em 2003, durante o processo de restauração da antiga chácara Casa de Dona Yayá, da década de 1920, várias atividades culturais foram ali promovidas para dar visibilidade ao patrimônio e fazer com que entrasse no circuito cultural da cidade. O processo culminou com a transferência do Centro de Preservação Cultural para a casa, onde hoje são oferecidas atividades, como cursos e oficinas, além das exposições de arte. Aos domingos, acontece o projeto Domingo na Yayá, com apresentações musicais a partir das 11h.

Site: www.usp.br/cpc
Telefone: (11) 3106-3562
Endereço: Rua Major Diogo, 353 – Bela Vista
Funcionamento: de segunda a sexta, das 10h às 16h / domingos, a partir das 11h
Entrada Catraca Livre

$ CATAVENTO
Com 8 mil metros quadrados e localizado no antigo Palácio das Indústrias, no centro da cidade, o Catavento é uma espécie de museu vivo. As atividades ali desenvolvidas visam incentivar o ensino científico nas escolas brasileiras e saciar a sede de conhecimento de todo tipo de público. Universo, vida, engenho e sociedade são os quatro grandes temas do espaço, que procura estimular as mentes curiosas por meio de muito dinamismo, exemplos práticos e interatividade.

Site: www.cataventocultural.org.br
Endereço: Avenida Mercúrio, s/n.º – Parque D. Pedro II
⛢ Estações D. Pedro II e São Bento
Funcionamento: de terça a domingo, das 9h às 16h
Preços populares

$ CENTRO CULTURAL BANCO DO BRASIL
Com diversas salas de exposição espalhadas pelo prédio, o espaço recebe mensalmente grandes nomes nacionais e internacionais do universo das artes.

Site: www.bb.com.br/cultura
Telefones: (11) 3113-3651 / (11) 3113-3652
Rua Álvares Penteado, 112 – Sé
⛢ Estações Sé e São Bento
Funcionamento: de terça a domingo, das 9h às 20h
Entrada Catraca Livre e preços populares

artes visuais | zona central

CENTRO CULTURAL FIESP RUTH CARDOSO
A Galeria de Arte do Centro Cultural do Sesi é um espaço expositivo com características museográficas. Também dispõe de um serviço de visita monitorada em todas as exposições.

Site: www.sesisp.org.br/home/2006/centrocultural
Telefone: (11) 3146-7405
Endereço: Avenida Paulista, 1313 – Cerqueira César
⬥ Estação Trianon-Masp
Funcionamento: segundas, das 11h às 20h / de terça a sábado, das 10h às 20h / domingos, das 10h às 19h
Entrada Catraca Livre

$ CENTRO CULTURAL SÃO PAULO
Concebido inicialmente para abrigar uma extensão da Biblioteca Mário de Andrade, o CCSP se transformou em um dos primeiros espaços culturais multidisciplinares do país. Oferece espetáculos de teatro, dança e música, mostras de artes visuais, projeções de cinema e vídeo, oficinas, debates e cursos, além de manter sob sua guarda expressivos acervos da cidade de São Paulo. Graças à programação diversificada, que atrai faixas distintas da população, e à localização em um ponto estratégico da cidade, converteu-se num dos espaços culturais mais democráticos de São Paulo. As áreas expositivas ficam abertas de terça a sexta, das 10h às 20h; sábados, domingos e feriados, das 10h às 18h.

Site: www.centrocultural.sp.gov.br
Telefones: (11) 3397-4002 / (11) 3397-4062
Endereço: Rua Vergueiro, 1000 – Paraíso
⬥ Estação Vergueiro
Funcionamento: de terça a domingo, das 10h às 21h
Entrada Catraca Livre e preços populares

$ CENTRO UNIVERSITÁRIO MARIA ANTÔNIA
Com pouco mais de uma década de atuação, o Maria Antônia, como é conhecido, se firmou como polo de referência cultural na cidade. Possui espaços para exposições, salas de aulas e auditório, nos quais abriga mostras de arte, concertos, cursos de difusão, seminários, debates e atividades de arte-educação.

Site: www.usp.br/mariantonia
Telefone: (11) 3123-5201
Endereço: Rua Maria Antônia, 258 e 284 – Vila Buarque
⬥ Estação República
Funcionamento: de terça a sexta, das 10h às 21h / sábados, domingos e feriados, das 10h às 18h
Entrada Catraca Livre e preços populares

ESPAÇO CULTURAL CITI
O espaço, localizado no hall de entrada da sede do Citibank, foi criado especialmente para quem está de passagem, transitando entre a Avenida Paulista e a Alameda Santos. As mostras, assinadas por artistas de diferentes estilos e regiões do país, ficam em cartaz por cerca de 40 dias.

Endereço: Avenida Paulista, 1111 – Cerqueira César
⬥ Estação Trianon-Masp
Funcionamento: de segunda a sexta, das 9h às 19h / sábados, domingos e feriados, das 10h às 17h
Entrada Catraca Livre

FUNDAÇÃO NACIONAL DA ARTE
Mais conhecida como Funarte, é responsável pelo desenvolvimento, no âmbito federal, de políticas públicas de fomento às artes visuais, à música, ao teatro, à dança e ao circo. Oferece exposições variadas, principalmente de artes integradas e artes visuais. As duas galerias ficam abertas de segunda a domingo, das 14h às 22h.

Site: www.funarte.gov.br
Telefone: (11) 3662-5177
Endereço: Alameda Nothmann, 1058 – Campos Elísios
Funcionamento: programação disponível no site
Entrada Catraca Livre

INSTITUTO MOREIRA SALLES
Periodicamente, traz exposições de importantes nomes. Seu acervo reúne cerca de 550 mil fotografias, 100 mil músicas (entre as quais 25 mil gravações digitalizadas), uma biblioteca com 400 mil itens (quase 90 mil deles catalogados) e uma pinacoteca com mais de 3 mil obras.

artes visuais | zona central

Site: www.ims.uol.com.br
Telefone: (11) 3825-2560
Endereço: Rua Piauí, 844,
1.º andar – Higienópolis
Funcionamento: de terça
a sexta, das 13h às 19h /
sábados e domingos,
das 13h às 18h
Entrada Catraca Livre

MATILHA CULTURAL

Esse centro, que apresenta como diferencial o apoio aos animais, tem na galeria seu espaço mais frequentado. Localizada próximo ao café e ao jardim, abriga mostras de arte, fotografia e outras produções visuais. Aberto de terça a domingo, das 12h às 20h, com variações de acordo com a programação. Cachorros são bem-vindos.

Site: www.matilhacultural.com.br
Telefone: (11) 3256-2636
Endereço: Rua Rego Freitas, 542 – República
✣ Estação República
Funcionamento: programação disponível no site
Entrada Catraca Livre

INSTITUTO ITAÚ CULTURAL

Há mais de duas décadas, dedica-se à pesquisa, à produção de conteúdo e ao mapeamento, incentivo e difusão de manifestações artísticas. Destaque para o projeto Ocupação, criado para fomentar o diálogo da nova geração de artistas com os lugares, as obras, os objetos e as pessoas que a influenciaram. O projeto integra o trabalho regular do instituto, constituído por ações de incentivo à produção contemporânea e de preservação da memória artística.

Site: www.itaucultural.org.br
Telefone: (11) 2168-1700
Endereço: Avenida Paulista, 149 – Bela Vista
✣ Estação Brigadeiro
Funcionamento: de terça a sexta, das 9h às 20h /
sábados, domingos e feriados, das 11h às 20h
Entrada Catraca Livre

artes visuais | zona central

PASSAGEM LITERÁRIA DA CONSOLAÇÃO
Essa tradicional passagem subterrânea que cruza a Rua da Consolação próximo à Avenida Paulista recebe a cada mês variadas mostras artísticas dos mais diversos estilos e influências.

Endereço: Rua da Consolação, esquina com a Avenida Paulista
Estação Consolação
Funcionamento: de segunda a sexta, das 7h às 22h / sábados e domingos, das 10h às 22h
Entrada Catraca Livre

SESC CONSOLAÇÃO
Com seu pioneirismo na introdução de novos modelos de ação cultural na década de 1980, a rede Sesc enfatiza a importância da educação e realiza intensa atuação no campo da cultura e de suas diferentes manifestações, atendendo a todos os públicos, de diversas faixas etárias e estratos sociais. Um exemplo são as exposições periodicamente realizadas no saguão da unidade Consolação. Programação disponível no site.

Site: www.sescsp.org.br
Telefone: (11) 3234-3000
Endereço: Rua Doutor Vila Nova, 245 – Vila Buarque
Funcionamento: de segunda a sexta, das 7h às 22h / sábados e feriados, das 9h às 18h
Entrada Catraca Livre e preços populares

SESC CARMO
A rede Sesc apresenta ações programáticas de artes plásticas, artemídia, cinema, dança, literatura, música e teatro. Programação disponível no site.

Site: www.sescsp.org.br
Telefone: (11) 3111-7000
Endereço: Rua do Carmo, 147 – Centro
Funcionamento: de segunda a sexta, das 9h às 20h
Entrada Catraca Livre e preços populares

Galerias

GALERIA VERMELHO
Criada em 2001 por Eliana Finkelstein e Eduardo Brandão, a galeria tornou-se um dos principais pontos de divulgação de arte contemporânea na cidade e no país. O projeto, dos arquitetos Paulo Mendes da Rocha e José Armênio de Brito Cruz, incorpora os espaços expositivos à estrutura arquitetônica.

Site: www.galeriavermelho.com.br
Telefone: (11) 3138-2520
Endereço: Rua Minas Gerais, 350 – Centro
Funcionamento: de terça a sexta, das 10h às 19h / sábados, das 11h às 17h
Entrada Catraca Livre

GALERIA OLIDO
A bem diversificada programação diária do espaço inclui sessões de cinema, espetáculos musicais, exposições e oficinas de dança e informática.

Site: www.prefeitura.sp.gov.br/cidade/secretarias/cultura/galeria_olido
Telefones: (11) 3331-8399 / (11) 3397-0171
Endereço: Avenida São João, 473 – República
Estação República
Funcionamento: de terça a domingo, das 10h às 21h
Entrada Catraca Livre e preços populares

GALERIA 600
O espaço, nada convencional, ocupa os três andares de um prédio tombado no bairro de Higienópolis. Idealizada pela arquiteta Valéria Blay, a galeria tem o propósito de valorizar trabalhos contemporâneos direcionados ao público mais jovem. Outra missão é transformar os trabalhos expostos em itens colecionáveis.

Site: www.galeria600.com.br
Telefone: (11) 3512-3909
Endereço: Rua Maranhão, 600 – Higienópolis
Funcionamento: de terça a sábado, das 11h às 19h
Entrada Catraca Livre

artes visuais | zona central

Museus

BECO DO PINTO

Conhecido também como Beco do Colégio, era uma passagem utilizada na São Paulo colonial para o trânsito de pessoas e animais. Em 1834, a marquesa de Santos, ao comprar o solar, que fica ao lado do beco, conseguiu o fechamento da passagem. Hoje, restaurado, o espaço mantém características da construção original, como escadas, grades e portões. Vestígios de calçamentos do século 18 encontrados no local ficam expostos em vitrines. Fechado por algum tempo para um novo restauro, o beco reabriu as portas no final de 2011, com espaço reservado para exposições de arte contemporânea.

Site: www.museudacidade.sp.gov.br/becodopinto.php
Telefone: (11) 3105-6118
Endereço: Rua Roberto Simonsen, 136 – Centro
Estação Sé
Funcionamento: de terça a domingo, das 9h às 17h
Entrada Catraca Livre

CASA DA IMAGEM

Em 2006, a Secretaria Municipal de Cultura deu início à estruturação da Casa da Imagem – antiga Casa N.º 1 –, iniciando o tratamento do acervo e a criação da reserva técnica. No site já está disponível parte dessas imagens históricas, além dos recentes registros produzidos durante a Expedição São Paulo 450 Anos – Uma Viagem por Dentro da Metrópole. Reaberto no final de 2011, o espaço recebe principalmente mostras de fotografias da cidade de São Paulo, que têm como tema sua história e seu desenvolvimento.

Site: www.museudacidade.sp.gov.br/casadaimagem.php
Telefone: (11) 3105-6118
Endereço: Rua Roberto Simonsen, 136 – Centro
Estação Sé
Funcionamento: de terça a domingo, das 9h às 17h
Entrada Catraca Livre

CENTRO DE MEMÓRIA DO CIRCO

Instalado na Galeria Olido, esse é um espaço permanente de pesquisa sobre a arte circense com acervo fotográfico e multimídia. Seu conjunto de obras é primordialmente proveniente de companhias e famílias circenses, com destaque para os arquivos do Circo Nerino (1913-1964) e do Circo Garcia (1928-2003).

Site: www.prefeitura.sp.gov.br/cidade/secretarias/cultura/patrimonio_historico/memoria_do_circo
Telefone: (11) 3397-0177
Endereço: Avenida São João, 473 – Galeria Olido – Centro
Estação São Bento
Funcionamento: segundas, quartas e sextas, das 10h às 20h / sábados, domingos e feriados, das 13h às 20h
Entrada Catraca Livre

artes visuais | zona central

$ ESTAÇÃO PINACOTECA

Construído em 1914, o edifício ocupado pela Estação Pinacoteca foi tombado como bem cultural em 1999 pelo Conselho de Defesa do Patrimônio Histórico, Artístico, Arqueológico e Turístico do Estado de São Paulo (Condephaat). O prédio de cinco andares e com cerca de 8 mil metros quadrados abriga um Centro de Documentação e Memória – que objetiva a constituição, preservação e pesquisa de um acervo documental sobre a história da instituição – e a Biblioteca Walter Wey, centro de pesquisa especializado em artes visuais. O espaço também conta com o Auditório Vitae e locais para atividades culturais e educativas. Lá está instalado o Gabinete de Gravura Guita e José Mindlin, que tem como foco a gravura brasileira, com mostras de seleções do acervo de mais de 2 mil itens da Pinacoteca, além de exposições de outras coleções.

$ MASP – MUSEU DE ARTE DE SÃO PAULO

O museu recebe mostras internacionais. Seu acervo próprio, tombado pelo Patrimônio Histórico e Artístico Nacional (Iphan) desde 1969, possui cerca de 8 mil peças, dentre as quais se destacam pinturas ocidentais, principalmente italianas e francesas. O edifício sede do museu, com 11 mil metros quadrados divididos em cinco pavimentos, é um ícone da cidade. Em 1982, foi tombado pelo Conselho de Defesa do Patrimônio

artes visuais | zona central

Site: www.pinacoteca.org.br
Telefone: (11) 3335-4990
Endereço: Largo General Osório, 66 – Luz (próximo à estação de trem Júlio Prestes)
◆ Estação Luz
Funcionamento: de terça a domingo, das 10h às 17h30
Entrada Catraca Livre aos sábados e preços populares nos demais dias

$ MUSEU DE ARTE SACRA

O precioso acervo, que começou a ser formado em 1097, por d. Duarte Leopoldo e Silva, primeiro arcebispo de São Paulo, e foi significativamente ampliado na década de 1970, é a grande atração desse museu, ao lado da arquitetura com muitos arcos do prédio onde está instalado, o qual outrora abrigou um mosteiro. Desde 2000, o museu exibe também o conjunto de presépios doado à instituição por Ciccillo Matarazzo (Francisco Matarazzo Sobrinho). A parte mais antiga do complexo foi construída sob orientação de frei Antônio de Santana Galvão para abrigar o recolhimento das irmãs concepcionistas, função que mantém até hoje.

Site: www.museuartesacra.org.br
Telefone: (11) 5627-5393
Endereço: Avenida Tiradentes, 676 – Bom Retiro
Funcionamento: de terça a domingo, das 10h às 17h30
Entrada Catraca Livre aos sábados e preços populares nos demais dias

$ MUSEU DA LÍNGUA PORTUGUESA

Dedicado à valorização e difusão da língua portuguesa (patrimônio imaterial), apresenta uma forma expositiva diferenciada das demais instituições museológicas do país e do mundo, com o uso de tecnologia de ponta e recursos interativos para a apresentação dos conteúdos.

Site: www.museudalingua portuguesa.org.br
Telefone: (11) 3326-0775
Endereço: Praça da Luz s/n.º – Luz
◆ Estação Luz
Funcionamento: de terça a domingo, das 10h às 17h / na última terça-feira de cada mês permanece aberto até as 21h
Entrada Catraca Livre aos sábados e preços populares nos demais dias

Histórico, Arqueológico, Artístico e Turístico do Estado (Condephaat).

Site: www.masp.art.br
Telefone: (11) 3251-5644
Endereço: Avenida Paulista, 1578 – Cerqueira César
◆ Estação Trianon-Masp
Funcionamento: de terça a domingo, das 11h às 18h / quintas-feiras, das 11h às 20h
Entrada Catraca Livre às terças-feiras e preços populares nos demais dias

artes visuais | zona central

💲 MUSEU DO FUTEBOL

O acervo conta com vídeos, fotografias e depoimentos. Números, regras, símbolos, representações e história do esporte estão reunidos num espaço repleto de vídeos-cenários interativos e bem organizados. A instituição procura estimular reflexões críticas relacionadas ao comportamento, evolução da preparação física do atleta, vocabulário e religiosidade. O museu também possui um auditório – o Armando Nogueira –, que recebe palestras e debates.

Site: www.museudofutebol.org.br
Telefone: (11) 3664-3848
Endereço: Praça Charles Miller, s/n.º – Estádio do Pacaembu
Funcionamento: de terça a domingo, das 9h às 17h (sujeito a alteração em dias de jogo)
Entrada Catraca Livre às quintas-feiras e preços populares nos demais dias

MUSEU DO TRANSPORTE

O museu guarda relíquias, que vão desde o primeiro bonde a circular no Brasil – no Rio de Janeiro, em 1859, e em São Paulo, em 1872 – até o primeiro trólebus de fabricação nacional, produzido em 1960. Integram o acervo sete veículos, cerca de 1.500 fotos e 1.500 livros, além de móveis, objetos e documentos sobre a evolução do transporte urbano. Destaque para o luxuoso bonde "Gilda", que circulava na Avenida Paulista na década de 1950.

Site: www.sptrans.com.br/museu
Telefone: (11) 3315-8884
Endereço: Avenida Cruzeiro do Sul, 780 – Pari
🚇 Estação Armênia
Funcionamento: de terça a domingo, das 9h às 17h
Entrada Catraca Livre

💲 MUSEU DO THEATRO MUNICIPAL

Além das salas de exposição, todo o prédio pode ser considerado parte do museu. Aberto em 1983, o espaço abriga mais de 6 mil fotografias e 30 mil documentos sobre as atividades no campo da dança, teatro, música, ópera e algumas raridades, como programas de teatro produzidos por Tarsila do Amaral e Anita Malfatti.

Site: www.prefeitura.sp.gov.br/cidade/secretarias/cultura/theatromunicipal
Telefone: (11) 3241-3815
Endereço: Baixos do Viaduto do Chá, s/n.º – Centro
🚇 Estação Anhangabaú
Funcionamento: de terça a domingo, das 10h às 18h
Entrada Catraca Livre e preços populares

SOLAR DA MARQUESA DE SANTOS

Reaberto no final de 2011, depois de uma temporada de obras para restauro, o Solar da Marquesa de Santos abriga atividades museológicas e a sede do Museu da Cidade de São Paulo da Divisão de Iconografia e Museus do Departamento do Patrimônio Histórico. A construção é um raro exemplar do século 18 que ainda resiste em nossos dias.

Site: www.museudacidade.sp.gov.br/solardamarquesadesantos.php
Telefone: (11) 3105-6118
Endereço: Rua Roberto Simonsen, 136 – Centro
🚇 Estação Sé
Funcionamento: de terça a domingo, das 9h às 17h
Entrada Catraca Livre

artes visuais | zona **central**

💲 PINACOTECA DO ESTADO

Inaugurada em 24 de dezembro de 1905 e instalada em dois prédios com mais de 20 mil metros quadrados, a Pinacoteca é o museu de arte mais antigo da cidade e um dos mais importantes do país. O acervo de mais de 8 mil obras, nas mais diversas técnicas e de diferentes autores, oferece um abrangente panorama da arte brasileira dos séculos 19 e 20.

Site: www.pinacoteca.org.br
Telefone: (11) 3324-1000
Endereço: Praça da Luz, 2 – Luz
🚇 Estação Luz
Funcionamento: de terça a domingo, das 10h às 17h30
Entrada Catraca Livre aos sábados e preços populares nos demais dias

DRAGO

artes visuais | zona **norte**

Centros Culturais

CENTRO CULTURAL DA JUVENTUDE RUTH CARDOSO

O projeto Alameda: Arte de Rua, realizado nesse centro, foi criado em 2006, com o objetivo de divulgar e valorizar a arte de rua em suas variadas expressões: grafite, *sticker*, estêncil, lambe-lambe, pichação. As exposições acontecem de três a quatro vezes por ano, com visitação de terça a sábado, das 10h às 20h, e, nos domingos e feriados, das 10h às 18h.

Site: ccjuve.prefeitura.sp.gov.br
Telefone: (11) 3984-2466
Endereço: Avenida Deputado Emílio Carlos, 2641 –
Vila Nova Cachoeirinha
Funcionamento: programação disponível no site
Entrada Catraca Livre

$ SESC SANTANA

A área de convivência da unidade, com 190 metros quadrados, recebe exposições de arte, história e fotografia. Programação disponível no site.

Site: www.sescsp.org.br
Telefone: (11) 2971-8700
Endereço: Avenida Luiz Dumont Villares, 579 – Santana
Funcionamento: de terça a sexta, das 10h às 22h / sábados, das 10h às 21h / domingos e feriados, das 10h às 19h
Entrada Catraca Livre e preços populares

artes visuais | zona sul

Centros Culturais

CALDO CULTURAL JARDIM ÂNGELA

Realizado pelo Centro Maria Mariá, organização sem fins lucrativos, o evento, que acontece uma vez por mês, sempre num local diferente, é um encontro temático em que se pode vivenciar a cultura popular brasileira e, ao final, ainda apreciar um caldo quentinho. Os principais objetivos são o resgate e o cultivo coletivo da memória e da resistência popular.

Site: centro-maria.blogspot.com
Telefone: (11) 5833-6580
Endereço: disponível no site
Funcionamento: programação disponível no site
Entrada Catraca Livre

JARDIM MIRIAM ARTE CLUBE

O Jamac foi criado em 2004, com a ajuda da artista Mônica Nador, que, com outros artistas e moradores do Jardim Miriam, idealizou um espaço de experimentação artística e convivência, com debates políticos e culturais.

Site: www.jamacdigital.wordpress.com
Telefone: (11) 5626-9720
Endereço: Rua Maria Balades Corrêa, 8 – Jardim Luso
Funcionamento: programação disponível no site
Entrada Catraca Livre

$ SESC VILA MARIANA

Há uma área reservada para exposições, localizada no hall do térreo, em que são exibidas mostras temáticas ou de arte moderna. Programação disponível no site.

Site: www.sescsp.org.br
Telefone: (11) 5080-3000
Endereço: Rua Pelotas, 141 – Vila Mariana

SACOLÃO DAS ARTES

O espaço, coordenado por um coletivo gestor formado por grupos culturais e moradores da região, é uma conquista da população do Parque Santo Antônio. Oferece diversas atrações, entre elas peças de teatro, apresentações de grupos musicais e exposições.

Site: sacolaodasartes.blogspot.com
Telefone: (11) 5819-2564
Endereço: Avenida Cândido José Xavier, 577 – Parque Santo Antônio (próximo ao terminal de ônibus Capelinha)
Funcionamento: programação disponível no site
Entrada Catraca Livre

Funcionamento: de terça a sexta, das 7h às 21h30 / sábados e domingos, das 9h às 18h30
Entrada Catraca Livre e preços populares

Museus

CAPELA DO MORUMBI

A capela é uma casa histórica localizada na antiga Fazenda do Morumbi, propriedade de um inglês que se dedicava ao cultivo de chá. O espaço destina-se a exposições de arte contemporânea e privilegia a realização de instalações artísticas.

Site: www.museudacidade.sp.gov.br/capeladomorumbi.php
Telefone: (11) 3772-4301
Endereço: Avenida Morumbi, 5387 – Morumbi
Funcionamento: de terça a domingo, das 9h às 17h
Entrada Catraca Livre

MUSEU AFROBRASIL

Localizado no Parque do Ibirapuera, foi inaugurado em 23 de outubro de 2004. Seu acervo compreende mais de 5 mil obras, entre pinturas, esculturas, gravuras, fotografias, livros, vídeos e documentos de artistas e autores brasileiros e estrangeiros – tudo relacionado com a temática do negro.

Site: www.museuafrobrasil.com.br
Telefone: (11) 3320-8900
Endereço: Avenida Pedro Álvares Cabral, s/n.º – Pavilhão Manoel da Nóbrega – Parque do Ibirapuera – Portão 10
Funcionamento: de terça a domingo, das 10h às 17h
Entrada Catraca Livre

artes visuais | zona sul

💲 MUSEU PAULISTA DA UNIVERSIDADE DE SÃO PAULO (MUSEU DO IPIRANGA)

Inaugurado em 7 de setembro de 1895, é um marco da independência do Brasil por estar localizado na região onde o imperador d. Pedro I teria dado o "grito da independência". Possui um acervo de 125 mil itens, entre objetos, iconografia e documentação textual do século 17 até meados do século 20. Junto ao museu estão localizados o Monumento da Independência, a Casa do Grito e a Capela Imperial.

Site: www.mp.usp.br
Telefone: (11) 2065-8000
Endereço: Parque da Independência, s/n.º – Ipiranga (próximo à estação de trem Ipiranga)
Funcionamento: de terça a domingo, das 9h às 17h
Entrada Catraca Livre no primeiro domingo de cada mês e preços populares nos demais dias

MUSEU DE ARTE CONTEMPORÂNEA DA UNIVERSIDADE DE SÃO PAULO (MAC IBIRAPUERA)

O museu tem três sedes: MAC Ibirapuera, MAC Cidade Universitária, na Zona Oeste, e MAC Nova Sede (no antigo prédio do Detran). É considerado um dos mais importantes museus de arte moderna e contemporânea da América Latina. Entre os artistas ali representados estão, entre outros, Picasso, Miró, Tarsila do Amaral, Di Cavalcanti e Volpi. Ligado à pesquisa universitária, o MAC procura tornar seu acervo acessível a todos os públicos, oferecendo exposições com os mais variados recortes e amplas possibilidades de percursos e leituras pela arte moderna e contemporânea. Também realiza exposições com obras de artistas brasileiros e estrangeiros, novos e consagrados, que não pertencem ao seu acervo. Além das exposições, oferece cursos, palestras e atividades de ateliês.

Site: www.mac.usp.br/mac
Telefone: (11) 5573-9932
Endereço: Pavilhão Ciccillo Matarazzo, 3.º piso –
Parque do Ibirapuera
Funcionamento: de terça a domingo, das 10h às 18h
Entrada Catraca Livre

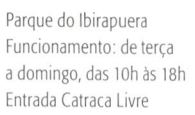

MUSEU DE ARTE CONTEMPORÂNEA DA UNIVERSIDADE DE SÃO PAULO (MAC NOVA SEDE)

Além das unidades MAC Cidade Universitária, na Zona Oeste, e MAC Ibirapuera, na Zona Sul, o museu acaba de ganhar mais uma sede e passou a ocupar dois edifícios projetados por Oscar Niemeyer, onde anteriormente funcionava o Detran. Gradativamente, os vários andares dos edifícios estão sendo ocupados com peças do acervo.

Site: www.mac.usp.br/mac
Endereço: Avenida Pedro Álvares Cabral, 1301 – Moema
Funcionamento: terça a domingo, das 10h às 18h
Entrada Catraca Livre

MUSEU LASAR SEGALL

Instituição federal fundada com a missão de preservar, estudar e divulgar a obra do pintor. Estimula a vivência, reflexão e experimentação no campo das artes, contribuindo para ampliar o acesso às manifestações culturais para a formação da cidadania no contexto brasileiro.

Site: www.museusegall.org.br
Telefone: (11) 5574-7322
Endereço: Rua Berta, 111 – Vila Mariana
Funcionamento: de terça a sábado, das 14h às 19h / domingos, das 14h às 18h
Entrada Catraca Livre

artes visuais | zona **leste**

Museus

MUSEU ECOLÓGICO DO TIETÊ

Seu acervo foi inaugurado em 1999, no dia 22 de setembro, o Dia do Rio Tietê. Tem como principal objetivo contribuir para o ensino da cidadania, preservando e oferecendo à população a possibilidade de pesquisa, estudo e apreensão da cultura. Sediado no Parque Ecológico do Tietê, reúne imagens, objetos da cultura indígena e painéis que mostram o Rio Tietê em diferentes épocas.

Site: www.ecotiete.org.br
Telefone: (11) 2958-1477
Endereço: Rua Guiará Acangatara, 70 – Engenheiro Goulart
🚇 Estação Penha
Funcionamento: de terça a domingo, das 9h às 16h
Entrada Catraca Livre

ASSESSORIA DE IMPRENSA

$ MEMORIAL DO IMIGRANTE – MUSEU DA IMIGRAÇÃO

Conta a história do país e de sua miscigenação racial tão característica. Até a data de impressão deste guia, o espaço estava fechado para obras de restauro, sem previsão de abertura.

Site: www.memorialdo imigrante.sp.gov.br
Telefone: (11) 2692-7804
Endereço: Rua Visconde de Parnaíba, 1316 – Mooca
🚇 Estação Bresser
Funcionamento: programação disponível no site
Preços populares

artes visuais | zona oeste

Centros Culturais

B_ARCO
Definido por seus responsáveis como um centro cultural contemporâneo, visa integrar em um ambiente extra-acadêmico e informal as diferentes áreas da cultura. Sua proposta é abrigar demandas culturais latentes e fomentar discussões artísticas e culturais. Recebe exposições de artes plásticas e visuais.

Site: www.obarco.com.br
Telefone: (11) 3081-6986
Endereço: Rua Doutor Virgílio de Carvalho Pinto, 426 – Pinheiros
Funcionamento: de segunda a sexta, das 9h às 22h / sábados, das 9h às 17h
Entrada Catraca Livre

CENTRO DE CULTURA JUDAICA
Oferece exposições de vídeos, fotos, pinturas e mostras temáticas. Difunde o patrimônio cultural judaico e suas raízes, a cultura de paz, a coexistência e o respeito entre os povos por meio de atividades que promovam interatividade, reflexão e aceitação entre as diferentes culturas.

Site: www.culturajudaica.org.br
Telefone: (11) 3065-4333
Endereço: Rua Oscar Freire, 2500 – Sumaré
Estação Sumaré
Funcionamento: de terça a sábado, das 12h às 21h / domingos e feriados, das 11h às 19h
Entrada Catraca Livre

$ FUNDAÇÃO MARIA LUISA E OSCAR AMERICANO
A sede que abriga a fundação é a antiga residência do casal e foi projetada por Oswaldo Bratke. O acervo contém trabalhos do holandês Frans Post, mobiliário e fotografias da época do Brasil colonial, objetos da família imperial e obras de modernistas como Cândido Portinari e Victor Brecheret.

Site: fundacaooscaramericano.org.br
Telefone: (11) 3742-0077
Endereço: Avenida Morumbi, 4077 – Morumbi
Funcionamento: de terça a domingo, das 10h às 17h
Preços populares

INSTITUTO DE ESTUDOS BRASILEIROS
As exposições periódicas realizadas pelo IEB são fruto de pesquisas com base no acervo iconográfico, documental e bibliográfico do instituto. Ali estão expostos manuscritos originais, livros raros e objetos de arte dos séculos 15 a 20. O instituto também possui obras de Mário de Andrade, Lívio Abramo, Manuel Bandeira e Burle Marx.

Site: www.ieb.usp.br
Telefone: (11) 3091-3247
Endereço: Avenida Professor Mello Moraes, 140 – Cidade Universitária
Funcionamento: de segunda a sexta, das 14h às 17h
Entrada Catraca Livre

INSTITUTO TOMIE OHTAKE
Tem como proposta difundir, por meio das exposições, oficinas, cursos e debates, as grandes transformações ocorridas nas artes plásticas, na arquitetura e no design desde os anos 1950. As mostras dividem espaço com uma exposição permanente de obras da artista que dá nome ao instituto.

Site: www.institutotomieohtake.org.br
Telefone: (11) 2245-1900
Endereço: Rua Coropés, 88 – Pinheiros
Estação Faria Lima
Funcionamento: de terça a domingo, das 11h às 20h
Entrada Catraca Livre

MEMORIAL DA AMÉRICA LATINA
Além do anfiteatro para apresentações, possui a famosa e imensa escultura *Mão*, de Oscar Niemeyer. Considerado um marco urbano, possui um acervo de arte popular com obras de autores anônimos. Exposições fotográficas e artísticas são ali realizadas todos os meses.

Site: www.memorial.sp.gov.br
Telefone: (11) 3823-4600
Endereço: Avenida Auro Soares de Moura Andrade, 664 – Barra Funda
Funcionamento: de terça

artes visuais | zona oeste

a domingo, das 9h às 18h
Entrada Catraca Livre

PAÇO DAS ARTES
Numa área de 4 mil metros quadrados, a instituição realiza exposições multimídias, dá espaço para jovens artistas e promove debates sobre arte contemporânea.

Site: www.pacodasartes.org.br
Telefone: (11) 3814-4832
Endereço: Avenida da Universidade, 1 – Cidade Universitária
Funcionamento: de terça a sexta, das 11h30 às 19h / domingos e feriados, das 12h30 às 17h30
Entrada Catraca Livre

PALÁCIO DOS BANDEIRANTES
Sede do governo paulista, o palácio tem em seu acervo cerca de 3.500 obras importantes de artistas como Cândido Portinari, Aldemir Martins, Djanira Motta e Silva, entre outros. Também são permitidas visitas guiadas, durante as quais é possível conhecer o Salão dos Pratos e a Galeria dos Governadores.

Site: www.acervo.sp.gov.br
Telefone: (11) 2193-8282
Endereço: Avenida Morumbi, 4500 – Portão 2 – Morumbi
Funcionamento: de terça a domingo, das 10h às 17h (entrada de hora em hora)
Entrada Catraca Livre

$ SESC PINHEIROS
A unidade tem um importante espaço para exposições audiovisuais e plásticas. Programação disponível no site.

Site: www.sescsp.org.br
Telefone: (11) 3095-9400
Endereço: Rua Paes Leme, 195 – Pinheiros
◆ Estação Faria Lima
Funcionamento: de terça a sexta, das 10h às 21h30 / sábados, domingos e feriados, das 10h às 18h30
Entrada Catraca Livre e preços populares

$ SESC POMPEIA
Organiza diferentes mostras fotográficas, de artes plásticas e vídeos. Traz muitos trabalhos de artistas internacionais. Programação disponível no site.

Site: www.sescsp.org.br
Telefone: (11) 3871-7700
Endereço: Rua Clélia, 93 – Pompeia
Funcionamento: de terça a sábado, das 9h às 22h / domingos e feriados, das 9h às 20h
Entrada Catraca Livre e preços populares

Galerias

A CASA DA XICLET
Além de ser uma galeria, o local serve como residência – os dois usos se fundem, uma vez que o limite entre os espaços pode ser deslocado conforme as circunstâncias. A programação inclui exposições de artes, espetáculos musicais, projeção de filmes, eventos, jogos, festas, palestras e oficinas.

Site: www.casadaxiclet.multiply.com
Telefone: (11) 2579-9007
Endereço: Rua Fradique Coutinho, 1855 – Vila Madalena
◆ Estação Vila Madalena
Funcionamento: de quarta a sexta, das 14h às 20h / sábados e domingos, das 14h às 18h
Entrada Catraca Livre

ARTERIX
A galeria recebe trabalhos como gravuras, fotografias, pinturas, objetos e desenhos de artistas contemporâneos.

Site: www.arterix.com.br
Telefone: (11) 3086-0784
Endereço: Praça Benedito Calixto, 103 – Pinheiros
◆ Estação Sumaré
Funcionamento: de segunda a sexta, das 10h às 20h / sábados, das 10h às 18h30
Entrada Catraca Livre

CASA TRIÂNGULO
Considerada uma das galerias mais importantes de arte contemporânea nacional e internacional de São Paulo, ficou conhecida por suas mostras antológicas. Realiza cerca de sete exposições por ano e também participa de mostras internacionais.

Site: www.casatriangulo.com
Telefone: (11) 3167-5621
Endereço: Rua Paes de Araújo, 77 – Itaim
Funcionamento: de terça a sábado, das 11h às 19h
Entrada Catraca Livre

artes visuais | zona oeste

CHOQUE CULTURAL

Está entre as galerias de Street Art mais importantes de São Paulo e costuma trazer renomados artistas internacionais. Sua proposta é cultivar o intercâmbio entre galerias, artistas e colecionadores e mostrar lado a lado obras de artistas brasileiros e estrangeiros, renomados e novatos. Em 2009, foi aberto um segundo endereço, o Acervo da Choque, voltado especialmente para colecionadores e curadores, porém aberto ao público em geral.

Site: www.choquecultural.com.br
Telefone: (11) 3061-4051
Endereço: Rua João Moura, 997 – Pinheiros
⬆ Estação Sumaré
Funcionamento: de terça a sábado, das 12h às 19h
Entrada Catraca Livre

CHOQUE CULTURAL – ACERVO DE COLECIONADOR

Endereço: Rua Medeiros de Albuquerque, 250 – Pinheiros
Funcionamento: sábados, das 13h às 18h
Entrada Catraca Livre

CENTRAL GALERIA DE ARTE CONTEMPORÂNEA

Tem como principal objetivo promover novos artistas. Para tanto, oferece condições para que os jovens talentos construam uma carreira sólida e se desenvolvam plenamente. A programação inclui discussões sobre arte e sociedade, ao lado de exposições temporárias.

Site: www.centralgaleriadearte.com
Telefone: (11) 2613-0575
Endereço: Avenida Rebouças, 1545 – Jardim Paulista
Funcionamento: de terça a sexta, das 11h às 19h / sábados, das 11h às 18h
Entrada Catraca Livre

DAN

Fundada em 1972, a galeria se dedica à apresentação e valorização de artistas contemporâneos, tanto brasileiros como internacionais. Já expôs obras de artistas conceituados, como Lygia Clark, Lothar Charoux, Luiz Sacilotto e Gonçalo Ivo.

Site: www.dangaleria.com.br
Telefone: (11) 3083-4600
Endereço: Rua Estados Unidos, 1638 – Jardins
Funcionamento: de segunda a sexta, das 10h às 19h / sábados, das 10h às 13h
Entrada Catraca Livre

artes visuais | zona **oeste**

ESCOLA SÃO PAULO
Realiza exposições com obras de alunos, além de trabalhos de outros artistas. O objetivo é aproximar o público da produção de arte contemporânea.

Site: www.escolasaopaulo.org
Telefone: (11) 3060-3636
Endereço: Rua Augusta, 2239 – Jardim Paulista
Funcionamento: de segunda a sexta, das 9h às 22h30 / sábados, das 9h às 18h
Entrada Catraca Livre

ESPAÇO OPHICINA
A galeria trabalha com álbuns, encadernações, adesivagem e laminação, e oferece cursos e workshops voltados para diversos segmentos da fotografia.

Site: www.espaco-ophicina.com.br
Telefones: (11) 3813-8466 / (11) 3813-9712
Endereço: Rua Aspicuelta, 329 – Vila Madalena
Funcionamento: de segunda a sexta, das 9h às 18h / sábados, das 10h às 14h
Entrada Catraca Livre

ESTAÇÃO
O espaço é dedicado à arte popular brasileira. Oferece a oportunidade de conhecer trabalhos de Nino, José Antônio da Silva, Jadir, Ranchinho, Vidal, Agostinho Batista de Freitas, GTO, Louco, Nuca de Tracunhaém, entre outros.

Site: www.galeriaestacao.com.br
Telefones: (11) 3813-7253 / (11) 3813-6355
Endereço: Rua Ferreira de Araújo, 625 – Pinheiros
Funcionamento: de segunda a sexta, das 11h às 19h / sábados, das 11h às 15h
Entrada Catraca Livre

ESTÚDIO BUCK
A galeria oferece um acervo de arte contemporânea que inclui obras de artistas como Geraldo de Barros, Luiz Paulo Baravelli, Lothar Charoux, entre outros.

Site: www.estudiobuck.com.br
Telefones: (11) 3846-4028 / (11) 3044-4575
Endereço: Rua Lopes Amaral, 123 – Vila Olímpia
Funcionamento: de segunda a sexta, das 11h às 19h / sábados, das 11h às 14h
Entrada Catraca Livre

FORTES VILAÇA
Pioneira em exibir trabalhos de grafite, já recebeu em seu espaço artistas hoje conhecidos mundialmente, como Os Gêmeos. Incentiva na prática a ideia de que a arte urbana também deve ser apreciada dentro das galerias. Possui também um galpão de exposições na Barra Funda.

Site: www.fortesvilaca.com.br
Telefone: (11) 3032-7066
Endereço: Rua Fradique Coutinho, 1500 – Vila Madalena
Funcionamento: de terça a sexta, das 10h às 19h / sábados, das 10h às 17h
Entrada Catraca Livre

GALPÃO FORTES VILAÇA
Telefone: (11) 3392-3942
Endereço: Rua James Holland, 71 – Barra Funda
Funcionamento: de terça a sexta, das 10h às 19h / sábados, das 10h às 17h
Entrada Catraca Livre

GRAVURA BRASILEIRA
É o único espaço de exposições no país dedicado somente à gravura, com mais de 100 exposições realizadas nos últimos 10 anos. Promove mostras de artistas jovens e consagrados, além de palestras e lançamentos de livros de artistas e álbuns de gravuras, sempre em estreita colaboração com os criadores.

Site: www.cantogravura.com.br
Telefones: (11) 3624-0301 / (11) 3624-9193
Endereço: Rua Doutor Franco da Rocha, 61 – Perdizes
Funcionamento: de segunda a sexta, das 10h às 18h / sábados, das 11h às 13h
Entrada Catraca Livre

artes visuais | zona oeste

LEME
Reconhecida internacionalmente, a galeria explora e viabiliza novas ideias e experimentos em arte contemporânea.

Site: www.galerialeme.com
Telefone: (11) 3814-8184
Endereço: Rua Agostinho Cantu, 88 – Pinheiros
Funcionamento: de segunda a sexta, das 10h às 19h / sábados, das 10h às 17h
Entrada Catraca Livre

LUCIANA BRITO
Representa atualmente mais de 20 artistas brasileiros e estrangeiros e organiza, em média, 10 exposições por ano, com ênfase na arte contemporânea. A galeria prioriza a parceria e o trabalho conjunto com os artistas.

Site: www.lucianabritogaleria.com.br
Telefone: (11) 3842-0634
Endereço: Rua Gomes de Carvalho, 842 – Vila Olímpia
Funcionamento: de terça a sábado, das 10h às 19h
Entrada Catraca Livre

LUISA STRINA
A galeria trouxe pela primeira vez ao Brasil obras dos artistas pop americanos Roy Lichtenstein, James Rosenquist, Jim Dine e Andy Warhol. Também lançou diversos expoentes da nova geração no mercado, como Leonilson, Cildo Meireles, Tunga, Antônio Dias e Edgard de Souza. Atualmente, representa uma mistura de artistas consagrados e emergentes da arte contemporânea nacional e internacional.

Site: www.galerialuisastrina.com.br
Telefone: (11) 3088-2471
Endereço: Rua Padre João Manuel, 755, Loja 2 – Jardim Paulista
Funcionamento: de segunda a sexta, das 10h às 19h / sábados, das 10h às 17h
Entrada Catraca Livre

MILLAN
André Millan, dono da galeria, atua no mercado de arte desde 1986 e promove arte contemporânea com exposições de talentos que despontam no cenário atual.

Site: www.galeriamillan.com.br
Telefone: (11) 3031-6007
Endereço: Rua Fradique Coutinho, 1360 – Vila Madalena
Funcionamento: de segunda a sexta, das 10h às 19h / sábados, das 11h às 17h
Entrada Catraca Livre

NARA ROESLER
Promove uma vasta gama de artistas, desde nomes consagrados, como Abraham Palatnik, Julio Le Parc e Tomie Ohtake até aqueles que estão em ascensão. Também recebe artistas de renome internacional, como Alejandro Puente, Mark Dion, Arnulf Rainer, Jan Fabre e Roxy Paine, entre outros. Oferece um projeto de colaboração com galerias internacionais, chamado Roesler Hotel, criando um ponto de convergência para os artistas

artes visuais | zona **oeste**

que circulam por vários países do mundo.

Site: www.nararoesler.com.br
Telefone: (11) 3063-2344
Endereço: Avenida Europa, 655 – Pinheiros
Funcionamento: de segunda a sexta, das 10h às 19h / sábados, das 11h às 15h
Entrada Catraca Livre

NUVEM

O espaço expõe produções e obras de arte contemporâneas de jovens artistas que estão surgindo no mercado.

Site: www.galerianuvem.com.br
Telefone: (11) 3061-1237
Endereço: Rua Mateus Grou, 355 – Pinheiros
Funcionamento: de terça a sexta, das 11h às 19h / sábados, das 11h às 17h
Entrada Catraca Livre

VIRGÍLIO

Direcionada à produção de jovens talentos contemporâneos, a galeria busca rever artistas surgidos na década de 1980 com uma nova leitura artística. Por conta disso, possui trabalhos da nova geração e produções que geraram novos parâmetros no cenário da arte brasileira.

Site: www.galeriavirgilio.com.br
Telefone: (11) 2373-2999
Endereço: Rua Virgílio de Carvalho Pinto, 426 – Pinheiros
Funcionamento: de segunda a sexta, das 10h às 19h / sábados, das 10h às 17h
Entrada Catraca Livre

Museus

ESTAÇÃO CIÊNCIA

É um centro de ciências interativo da Universidade de São Paulo (USP) que realiza exposições e atividades nas áreas de astronomia, meteorologia, física, geologia, geografia, biologia, história, informática, tecnologia, matemática e humanidades. Objetiva popularizar a ciência e promover a educação científica de forma lúdica e prazerosa.

Site: www.eciencia.usp.br
Telefone: (11) 3871-6750
Endereço: Rua Guaicurus, 1394 – Lapa
Funcionamento: de terça a sexta, das 8h às 17h30 / sábados e domingos, das 9h às 17h30
Preços populares

MUSEU BRASILEIRO DA ESCULTURA

Ao lado de mostras de artistas renomados, nacionais e internacionais, com esculturas e exposições artísticas, o MuBE também abre espaço para jovens artistas. Por ano, são ali realizadas em média 25 exposições.

Site: www.mube.art.br
Telefone: (11) 2594-2601
Endereço: Avenida Europa, 218 – Auditório Pedro Piva – Jardim Europa

Funcionamento: de terça a domingo, das 10h às 19h
Entrada Catraca Livre

artes visuais | zona oeste

$ MUSEU DA IMAGEM E DO SOM

O acervo do MIS, com mais de 300 mil itens, inclui fotografias, filmes, vídeos, cartazes, discos de vinil e registros sonoros, além de depoimentos de personalidades como Tarsila do Amaral, Tom Jobim, Nelson Pereira dos Santos e Camargo Guarnieri. O museu ainda tem o espaço LabMis, dedicado à criação e reflexão crítica sobre as práticas contemporâneas da mídia. As exposições ficam abertas para visitação de terça a sexta, das 12h às 19h; sábados, domingos e feriados, das 11h às 18h.

Site: www.mis.sp.gov.br
Telefone: (11) 2117-4777
Endereço: Avenida Europa, 158, Auditório MIS – Jardim Europa
Funcionamento: de terça a sábado, das 12h às 22h / domingos e feriados, das 11h às 21h
Entrada Catraca Livre e preços populares

$ MUSEU DA CASA BRASILEIRA

Expõe mobiliário dos séculos 17 a 21 e abre espaço para mostras temporárias do que se produz na atualidade em objetos e design pelo Brasil e pelo mundo.

Site: www.mcb.sp.gov.br
Telefone: (11) 3032-3727
Endereço: Avenida Brigadeiro Faria Lima, 2705 – Jardim Paulistano
Funcionamento: de terça a domingo, das 10h às 18h
Entrada Catraca Livre aos domingos e feriados e preços populares nos demais dias

$ MUSEU DE ANATOMIA PROFESSOR ALFONSO BOVERO

Possui um acervo de cerca de mil peças anatômicas, todas organizadas de acordo com os aparelhos que compõem o corpo humano. Até a data de impressão deste guia, o espaço estava fechado, sem previsão de abertura.

Site: www.icb.usp.br/museu
Telefone: (11) 3091-7360
Endereço: Avenida Professor Lineu Prestes, 2415 – Butantã
Funcionamento: programação disponível no site
Preços populares

MUSEU DE ARQUEOLOGIA E ETNOLOGIA

O acervo do MAE é composto por mais de 100 mil espécimes, incluindo objetos arqueológicos e etnográficos produzidos em diferentes continentes e em épocas diversas. Até a data de impressão deste guia, o espaço estava fechado para reforma, sem previsão de abertura.

Site: www.mae.usp.br
Telefones: (11) 3091-4905 / (11) 3091-4223
Endereço: Avenida Professor Almeida Prado, 1466 – Cidade Universitária
Funcionamento: programação disponível no site
Entrada Catraca Livre

MUSEU DE ARTE BRASILEIRA DA FAAP

Localizado na Fundação Álvares Penteado (FAAP), o museu incorpora, além da pesquisa e da organização de exposições sobre temas pertinentes à produção artística brasileira, a apresentação de mostras de arte internacional e de temas de interesse geral que trazem ao público a compreensão do fazer artístico e cultural. Também oferece um serviço educativo, com visitas monitoradas e oficinas de arte.

Site: www.faap.br/museu
Telefones: (11) 3662-7198 / (11) 3662-7200
Endereço: Rua Alagoas, 903 – Higienópolis
Funcionamento: de terça a sexta, das 10h às 20h / sábados e domingos, das 13h às 17h
Entrada Catraca Livre

artes visuais | zona **oeste**

MUSEU DE ARTE CONTEMPORÂNEA DA UNIVERSIDADE DE SÃO PAULO (MAC CIDADE UNIVERSITÁRIA)

O museu tem três sedes: MAC Ibirapuera, MAC Cidade Universitária, na Zona Oeste, e MAC Nova Sede (no antigo prédio do Detran). É considerado um dos mais importantes museus de arte moderna e contemporânea da América Latina. Entre os artistas ali representados estão, entre outros, Picasso, Miró, Tarsila do Amaral, Di Cavalcanti e Volpi. Ligado à pesquisa universitária, o MAC procura tornar seu acervo acessível a todos os públicos, oferecendo exposições com os mais variados recortes e amplas possibilidades de percursos e leituras pela arte moderna e contemporânea. Também realiza exposições com obras de artistas brasileiros e estrangeiros, novos e consagrados, que não pertencem ao seu acervo. Além das exposições, oferece cursos, palestras e atividades de ateliês.

Site: www.mac.usp.br/mac
Telefone: (11) 3091-3039
Endereço: Rua da Praça do Relógio, 160 – Cidade Universitária
Funcionamento: terças e quintas, das 10h às 20h / quartas, sextas, sábados, domingos e feriados, das 10h às 18h
Entrada Catraca Livre

💲 MUSEU DE ZOOLOGIA

Faz estudos sobre animais, especialmente sobre a fauna da América do Sul e América Central. Até a data de impressão deste guia, o espaço estava fechado para reforma, sem previsão de abertura.

Site: www.mz.usp.br
Telefone: (11) 2065-8100
Endereço: Avenida Nazareth, 481 – Ipiranga
Funcionamento: programação disponível no site
Preços populares

CALÇADA

EVITE LAVAR A CALÇADA. LIMPE-A COM UMA VASSOURA OU LAVE-A COM A ÁGUA JÁ UTILIZADA NA LAVAGEM DAS ROUPAS.

QUINTAL

TODA VEZ QUE VOCÊ FOR LIMPAR O QUINTAL, OPTE POR UMA VASSOURA. LAVAR COM A MANGUEIRA DESPERDIÇA MUITO MAIS ÁGUA DO QUE É PRECISO.

BANCOCYAN.COM.BR

LEITURA

leitura | zona **central**

Centros Culturais

💲 CENTRO CULTURAL SÃO PAULO

O CCSP possui cinco espaços diferenciados dedicados à leitura, relacionados abaixo.

Site: www.centrocultural.sp.gov.br
Telefones: (11) 3397-4002 /
(11) 3397-4062
Endereço: Rua Vergueiro,
1000 – Paraíso
⬧ Estação Vergueiro
Funcionamento: de terça
a domingo, das 10h às 21h
Entrada Catraca Livre
e preços populares

**BIBLIOTECA
LOUIS BRAILLE**
Atende usuários com deficiência visual. Reúne mais de 6 mil volumes, entre livros em braile e audiolivros. Há também computadores adaptados com acesso à internet. O acervo contém obras didáticas e paradidáticas, literatura infantojuvenil, ficção, clássicos da literatura brasileira e portuguesa e periódicos falados.

Telefone: (11) 3397-4088
Funcionamento: de terça
a sexta, das 10h às 19h /
sábados, das 10h às 18h

**BIBLIOTECA
SÉRGIO MILLIET**
Inaugurada na década de 1980, reúne acervo multidisciplinar atualizado, com cerca de 100 mil exemplares.

Telefone: (11) 3397-4003
Funcionamento: de terça
a sexta, das 10h às 20h /
sábados e domingos, das 10h às 18h

**BIBLIOTECA
ALFREDO VOLPI**
Seu acervo inclui catálogos de exposições de artes, livros sobre artes plásticas, arquitetura, fotografia, moda, recreação, artes performáticas e periódicos. Destaque para a coleção da revista *Cinelândia*, publicada nas décadas de 1950 e 1960.

Telefone: (11) 3397-4087
Funcionamento: de terça
a sexta, das 10h às 20h /
sábados e domingos,
das 10h às 18h

GIBITECA HENFIL
Abriga uma coleção com mais de 10 mil títulos entre álbuns de quadrinhos, gibis, periódicos e livros sobre HQ. Apresenta programação diversificada, com oficinas, palestras, exposições, exibições de filmes e jogos.

Telefone: (11) 3397-4090
Funcionamento: de terça
a sexta, das 10h às 20h /
sábados e domingos,
das 10h às 18h

**SALA DE LEITURA
INFANTOJUVENIL**
Além de abrigar um acervo de literatura infantojuvenil, oferece programação voltada ao incentivo à leitura. Há contação de histórias todos os sábados e domingos, às 14h30. No último fim de semana do mês, a contação tem tradução em libras.

Funcionamento: de terça a sexta, das 10h às 20h /
sábados e domingos,
das 10h às 18h

leitura | zona **central**

CASA DAS ROSAS

A Casa das Rosas ocupa um dos poucos casarões que sobreviveram à verticalização da Avenida Paulista. Inaugurada em 2004, possui biblioteca circulante especializada em literatura e poesia, com acervo de 2,5 mil títulos, entre os quais constam volumes de literatura portuguesa, brasileira, espanhola, africana, além de grande número de livros sobre a poesia concreta brasileira e periódicos literários. Abre de terça a domingo, das 10h às 18h. Aos sábados, há eventos temáticos voltados para poesia, literatura e arte.

Site: www.poiesis.org.br/casadasrosas
Telefones: (11) 3285-6986 / (11) 3288-9447
Endereço: Avenida Paulista, 37 – Bela Vista
🚇 Estação Brigadeiro
Funcionamento: de terça a sábado, das 10h às 22h / domingos, das 10h às 18h
Entrada Catraca Livre

INSTITUTO ITAÚ CULTURAL

O Centro de Documentação e Referência do instituto oferece mais de 53 mil títulos para pesquisa no local. São livros, catálogos de arte, obras de referência, periódicos, teses sobre arte brasileira e políticas culturais.

Site: www.itaucultural.org.br
Telefone: (11) 2168-1700
Endereço: Avenida Paulista, 149 – Bela Vista
🚇 Estação Brigadeiro
Funcionamento: de terça a sexta, das 9h às 20h / sábados, domingos e feriados, das 11h às 20h
Entrada Catraca Livre

LIVRARIA CULTURA

Tal como ocorre nas outras três livrarias da rede em São Paulo, a unidade do Conjunto Nacional é bastante movimentada no que se refere a atividades culturais. São inúmeros projetos gratuitos voltados para a literatura, música, cinema, teatro, infantil, gastronomia, dança, artes, entre outros. Diariamente, são realizados eventos como palestras, *pocket shows* e exposições de arte. Também é possível folhear os livros ou até mesmo lê-los, pois o local tem espaços exclusivos para leitura.

Site: www.livrariacultura.com.br
Telefone: (11) 3170-4033
Endereço: Avenida Paulista, 2073 – Conjunto Nacional – Cerqueira César
🚇 Estação Consolação
Funcionamento: de segunda a sábado, das 9h às 22h / domingos e feriados, das 12h às 20h
Entrada Catraca Livre

OUTRAS UNIDADES:
SHOPPING VILLA-LOBOS
Telefone: (11) 3024-3599
Endereço: Avenida Nações Unidas, 4777 – Pinheiros
Funcionamento: de segunda a sábado, das 10h às 22h / domingos e feriados, das 14h às 20h
Entrada Catraca Livre

MARKET PLACE SHOPPING CENTER
Telefone: (11) 3474-4033
Endereço: Avenida Doutor Chucri Zaidan, 902 – Vila Cordeiro
Funcionamento: de segunda a sábado, das 10h às 22h / domingos e feriados, das 12h às 20h
Entrada Catraca Livre

BOURBON SHOPPING POMPEIA
Telefone: (11) 3868-5100
Endereço: Rua Turiassu, 2100 – Perdizes
Funcionamento: de segunda a sábado, das 10h às 22h / domingos e feriados, das 14h às 20h
Entrada Catraca Livre

Museus

💲 MASP – MUSEU DE ARTE DE SÃO PAULO

A Biblioteca e o Centro de Documentação do Masp preservam, organizam e divulgam todo o material bibliográfico, iconográfico e histórico existente na instituição. É preciso um agendamento para fazer pesquisas.

Site: www.masp.art.br
Telefone: (11) 3251-5644
Endereço: Avenida Paulista, 1578 – Cerqueira César
🚇 Estação Trianon-Masp
Funcionamento: de terça a domingo, das 11h às 18h / quintas-feiras, das 11h às 20h
Entrada Catraca Livre às terças-feiras e preços populares nos demais dias

leitura | zona **central**

Bibliotecas

ACADEMIA PAULISTA DE LETRAS

Inaugurada em 1909, tem entre seus membros atuais nomes como Paulo Bomfim, Ruth Rocha e Lygia Fagundes Telles. É um dos pontos de referência na literatura da cidade de São Paulo. Oferece uma biblioteca com mais de 50 mil livros, além de periódicos e manuscritos.

Site: www.academiadeletras.org.br
Telefones: (11) 3331-7222 / (11) 3331-7401
Endereço: Largo do Arouche, 312/324 – República
✜ Estação República
Funcionamento: de segunda a sexta, das 9h às 17h
Entrada Catraca Livre

BIBLIOTECA CENTRAL DA FACULDADE DE DIREITO DA USP

Contém acervo específico da área de direito.

Site: www.usp.br/bibliotecadireito
Telefone: (11) 3111-4053
Endereço: Largo São Francisco, 95 – Sé
✜ Estação Sé
Funcionamento: de segunda a sexta, das 8h15 às 20h45
Entrada Catraca Livre

BIBLIOTECAS TEMÁTICAS DE SÃO PAULO (MEIO AMBIENTE)

Além do acervo comum a todas as unidades da rede, as oito bibliotecas temáticas da cidade colocam à disposição da população um acervo específico e oferecem ampla programação cultural sobre um determinado assunto. Na Zona Central, fica a Biblioteca Raul Bopp, que tem como foco o meio ambiente.

Site: www.prefeitura.sp.gov.br/cidade/secretarias/cultura/bibliotecas/programas_projetos/bibliotecas_tematicas/
Telefone: (11) 3208-1895
Endereço: Rua Muniz de Souza, 1155 – Aclimação
Funcionamento: de segunda a sexta, das 8h às 17h / sábados e domingos, das 9h às 16h
Entrada Catraca Livre

CASA DE PORTUGAL DE SÃO PAULO

A biblioteca da instituição tem um acervo composto por aproximadamente 12 mil volumes, mais de 10 mil deles catalogados, tendo como assuntos principais a história e a literatura luso-brasileira.

Site: www.casadeportugalsp.com.br
Telefone: (11) 3209-5554
Endereço: Avenida da Liberdade, 602 – Centro
✜ Estação Liberdade
Funcionamento: de segunda a sexta, das 9h às 12h e das 13h às 17h30
Entrada Catraca Livre

EMBARQUE NA LEITURA (SANTA CECÍLIA, PARAÍSO E BRÁS)

São quatro as bibliotecas que integram o projeto Ler é Saber do Instituto Brasil Leitor (IBL), três delas na Zona Central da cidade, instaladas nas estações Paraíso, Santa Cecília e Brás. Os acervos contemplam literatura brasileira, autoajuda, best-seller, infantojuvenil, filosofia, religião, ciências sociais, linguística, artes e história, entre outros temas.

Endereço: Estações Santa Cecília, Paraíso e Brás
Funcionamento: de segunda a sexta, das 11h às 20h
Entrada Catraca Livre

leitura | zona central

FRANCISCO UMBRAL
Localizada no Instituto Cervantes, escola de espanhol que também assume o papel de difusora da cultura e dos costumes espanhóis, é especializada nas culturas hispânicas e referência no tema.

Site: www.saopaulo.cervantes.es
Telefone: (11) 3897-9497
Endereço: Avenida Paulista, 2439 – Cerqueira César
⬧ Estação Consolação
Funcionamento: segundas, das 14h30 às 20h30 / terças e quintas, das 8h30 às 20h30 / sábados, das 9h às 15h
Entrada Catraca Livre

MÁRIO DE ANDRADE
Com um acervo de aproximadamente 3,3 milhões de itens, entre livros, periódicos, mapas e multimeios, a Biblioteca Mário de Andrade mantém grandes coleções especiais, que incluem um dos maiores acervos de livros de arte de São Paulo, uma biblioteca depositária da Organização das Nações Unidas (ONU) e uma riquíssima coleção de obras raras. O prédio, inaugurado em 1943, passou por ampla reforma e foi reaberto no início de 2011.

Site: www.prefeitura.gov.sp/mariodeandrade
Telefone: (11) 3256-5270
Endereço: Rua da Consolação, 94 – República
⬧ Estação Anhangabaú
Funcionamento: de segunda a sexta, das 8h30 às 20h30 / sábados, das 10h às 17h

MONTEIRO LOBATO
Inaugurada em 1936, é a mais antiga biblioteca infantil em funcionamento no país. O local foi pensado por Mário de Andrade para servir de incentivo à cultura. Possui sala de artes, discoteca, sessão de livros raros, banco de textos teatrais e o acervo Monteiro Lobato. Promove atividades, como teatro de bonecos.

Site: www.prefeitura.sp.gov.br/cidade/secretarias/cultura/bibliotecas/monteiro_lobato
Telefones: (11) 3256-4438 / (11) 3256-4122
Endereço: Rua General Jardim, 485 – Vila Buarque
⬧ Estação República
Funcionamento: de segunda a sexta, das 8h às 18h / sábados, das 10h às 17h / domingos, das 10h às 14h
Entrada Catraca Livre

Pontos de Leitura

BOSQUE DA LEITURA PARQUE JARDIM DA LUZ
Está entre os 10 espaços desse tipo promovidos pela Prefeitura. A proposta é oferecer um ambiente cultural alternativo em parques da cidade para incentivar a leitura. Os bosques dispõem de acervo de literatura, informação e lazer.

Site: www.prefeitura.sp.gov.br/cidade/secretarias/cultura/bibliotecas/bosque_leitura
Telefones: (11) 3675-8096 / (11) 2291-5763
Endereço: Rua Ribeiro Lima, 99 – Bom Retiro
⬧ Estação Luz
Funcionamento: domingos, das 9h30 às 16h
Entrada Catraca Livre

PONTO DE LEITURA DO OLIDO
Faz parte do projeto Pontos de Leitura, desenvolvido pela Coordenadoria do Sistema Municipal de Bibliotecas da Secretaria Municipal de Cultura em parceria com as subprefeituras, com o objetivo de suprir as necessidades de leitura e informação em regiões desprovidas de equipamentos culturais, como alternativa à construção de bibliotecas públicas.

Site: www.prefeitura.sp.gov.br/cidade/secretarias/cultura/bibliotecas/pontos_leitura
Telefone: (11) 3397-0176
Endereço: Avenida São João, 473 – Centro
⬧ Estação República
Funcionamento: segundas, das 13h às 18h / terça a sábado, das 10h às 20h / domingos, das 13h às 19h
Entrada Catraca Livre

Saraus

SARAU DO BURRO
Acontece no espaço Coletivo 132 e tem como proposta a livre experimentação, numa mescla de poesia e artes urbanas.

Site: www.coletivo132.wordpress.com
Endereço: Rua Nilo, 132 – Liberdade
⬧ Estação Vergueiro
Funcionamento: primeira terça-feira de cada mês, às 20h
Entrada Catraca Livre

leitura | zona norte

Centros Culturais

CENTRO CULTURAL DA JUVENTUDE RUTH CARDOSO

Abriga a Biblioteca Jayme Cortez, com mais de 12 mil títulos disponíveis para empréstimo. Bastante diverso, o acervo é composto, em sua maior parte, por obras de literatura nacional e estrangeira e histórias em quadrinhos. Inaugurada em 2010, já é referência no campo das ilustrações e HQs brasileiras.

Site: ccjuve.prefeitura.sp.gov.br
Telefone: (11) 3984-2466
Endereço: Avenida Deputado Emílio Carlos, 3641 – Vila Nova Cachoeirinha
Funcionamento: de terça a sábado, das 10h às 20h / domingos, das 10h às 18h
Entrada Catraca Livre

Bibliotecas

ÁLVARES DE AZEVEDO

O acervo de aproximadamente 44 mil exemplares é constituído por livros de literatura e informação, revistas, atlas, multimídia, entre outros. Possui também um acervo em braile.

Site: www.prefeitura.sp.gov.br/cidade/secretarias/cultura/bibliotecas/bibliotecas_bairro
Telefone: (11) 2954-2813
Endereço: Praça Joaquim José da Nova, s/n.º – Vila Maria
Funcionamento: de segunda a sexta, das 8h às 17h / sábados, das 9h às 16h / domingos, das 10h às 15h
Entrada Catraca Livre

BIBLIOTECA DE SÃO PAULO

Inaugurada em fevereiro de 2010, oferece um espaço de mais de 4 mil metros quadrados fortemente apoiado na tecnologia, com microcomputadores, rede *wireless* e terminal de autoatendimento. Inspirada na Biblioteca de Santiago, no Chile, e nas melhores práticas adotadas pelas bibliotecas públicas do país, proporciona ao visitante a possibilidade de assistir a filmes, ouvir música, brincar com os jogos eletrônicos ou apenas relaxar nas áreas de convivência lendo livros, revistas ou jornais.

Site: www.bibliotecadesaopaulo.org.br
Telefone: (11) 2089-0800
Endereço: Avenida Cruzeiro do Sul, 2630 – Parque da Juventude – Santana
◆ Estação Tietê
Funcionamento: de terça a sexta, das 9h às 21h / sábados e domingos, das 9h às 19h
Entrada Catraca Livre

JOSÉ MAURO DE VASCONCELOS

Conta com um acervo de aproximadamente 26 mil exemplares, constituído por livros de literatura e informação, revistas, atlas, multimídia, entre outros.

Site: www.prefeitura.sp.gov.br/cidade/secretarias/cultura/bibliotecas/bibliotecas_bairro
Telefones: (11) 2242-8196 / (11) 2242-1072
Endereço: Praça Comandante Eduardo de Oliveira, 100 – Parque Edu Chaves
Funcionamento: de segunda a sexta, das 8h às 17h / sábados, das 9h às 16h
Entrada Catraca Livre

NARBAL FONTES

Conta com um acervo de aproximadamente 21 mil exemplares, constituído por livros de literatura e informação, revistas, atlas, multimídia, entre outros.

Site: www.prefeitura.sp.gov.br/cidade/secretarias/cultura/bibliotecas/bibliotecas_bairro
Telefone: (11) 2973-4461
Endereço: Rua Conselheiro Moreira de Barros, 170 – Santana
Funcionamento: de segunda a sexta, das 8h às 17h / sábados, das 9h às 16h
Entrada Catraca Livre

leitura | zona norte

NUTO SANT'ANNA
Inaugurada em 1957, possui um acervo de aproximadamente 28 mil exemplares, composto por livros didáticos, paradidáticos, dicionários, enciclopédias, jornais, revistas, recortes, mapas, atlas, multimídia, entre outros.

Site: www.prefeitura.sp.gov.br/cidade/secretarias/cultura/bibliotecas/bibliotecas_bairro
Telefone: (11) 2973-0072
Endereço: Praça Tenório Aguiar, 32 – Santana
Funcionamento: de segunda a sexta, das 8h às 17h / sábados, das 9h às 16h
Entrada Catraca Livre

MENOTTI DEL PICCHIA
Abriga aproximadamente 27 mil exemplares, entre livros didáticos, paradidáticos, dicionários, enciclopédias, jornais, revistas, recortes, mapas, atlas, multimídia e outros.

Site: www.prefeitura.sp.gov.br/cidade/secretarias/cultura/bibliotecas/bibliotecas_bairro
Telefones: (11) 3966-4814 / (11) 3956-5070
Endereço: Rua São Romualdo, 382 – Bairro do Limão
Funcionamento: de segunda a sexta, das 8h às 17h / sábados, das 9h às 16h
Entrada Catraca Livre

PEDRO DA SILVA NAVA
Conta com um acervo de aproximadamente 25 mil exemplares, constituído por livros de literatura e informação, revistas, atlas, multimídia, entre outros.

Site: www.prefeitura.sp.gov.br/cidade/secretarias/cultura/bibliotecas/bibliotecas_bairro
Telefone: (11) 2973-7293
Endereço: Avenida Engenheiro Caetano Álvares, 5903 – Mandaqui
Funcionamento: de segunda a sexta, das 8h às 17h / sábados, das 9h às 16h
Entrada Catraca Livre

SYLVIA ORTHOF
Tem um acervo de aproximadamente 26 mil exemplares, composto por livros de literatura e informação, revistas, atlas, multimídia, entre outros.

Site: www.prefeitura.sp.gov.br/cidade/secretarias/cultura/bibliotecas/bibliotecas_bairro
Telefones: (11) 2981-6264 / (11) 2981-6263
Endereço: Avenida Tucuruvi, 808 – Tucuruvi
🚇 Estação Tucuruvi
Funcionamento: de segunda a sexta, das 8h às 17h / sábados, das 9h às 16h
Entrada Catraca Livre

Pontos de Leitura

BOSQUES DA LEITURA
A Zona Norte da cidade comporta três dos 10 Bosques da Leitura promovidos pela Prefeitura. A proposta é oferecer um ambiente cultural alternativo em parques para incentivar a leitura. Os bosques dispõem de acervo de literatura, informação e lazer. A seguir, os endereços.

Site: www.prefeitura.sp.gov.br/cidade/secretarias/cultura/bibliotecas/bosque_leitura

PARQUE ANHANGUERA
Telefones: (11) 3675-8096 / (11) 2291-5763
Endereço: Avenida Fortunata Tadiello Natucci, 1000 – Perus
Funcionamento: domingos, das 9h30 às 16h
Entrada Catraca Livre

PARQUE CIDADE DE TORONTO
Telefones: (11) 3675-8096 / (11) 2291-5763
Endereço: Avenida Cardeal Mota, 84 – City América – Pirituba
Funcionamento: domingos, das 9h30 às 16h
Entrada Catraca Livre

PARQUE LIONS CLUBE TUCURUVI
Telefones: (11) 3675-8096 / (11) 2291-5763
Endereço: Rua Alcindo Bueno de Assis, 500 – Tucuruvi
Funcionamento: domingos, das 9h30 às 16h
Entrada Catraca Livre

PONTO DE LEITURA UNIÃO DOS MORADORES DO PARQUE ANHANGUERA
Faz parte do projeto Pontos de Leitura, desenvolvido pela Coordenadoria do Sistema Municipal de Bibliotecas da Secretaria Municipal de Cultura em parceria com as subprefeituras, com o objetivo

leitura | zona **norte**

de suprir as necessidades de leitura e informação em regiões desprovidas de equipamentos culturais, como alternativa à construção de bibliotecas públicas.

Site: www.prefeitura.sp.gov.br/cidade/secretarias/cultura/bibliotecas/pontos_leitura
Telefones: (11) 3911-3394 / (11) 3911-3048
Endereço: Rua Amadeu Caego Monteiro, 209 – Parque Anhanguera
Funcionamento: de segunda a sexta, das 8h às 17h
Entrada Catraca Livre

Itinerantes

O projeto possibilita que pessoas de bairros mais distantes tenham acesso a livros, periódicos e gibis. São nove ônibus, com roteiros estabelecidos de acordo com a ausência de bibliotecas públicas na região e também por sugestão da população local. Os ônibus funcionam de terça a domingo, das 10h às 16h. A seguir, o roteiro na Zona Norte de São Paulo.

Site: www.prefeitura.sp.gov.br/cidade/secretarias/cultura/bibliotecas/onibus_biblioteca

TERÇA-FEIRA
• Jaraguá – Vila Nova Esperança – Praça Divino Pai Eterno, s/n.º
• Jaçanã – Praça João Batista Vasques Parque Novo Mundo – Rua Lídice com Rua Eureka

QUARTA-FEIRA
• Tremembé – Alameda dos Canários, s/n.º – Praça Recanto Verde
• Brasilândia – Jardim Damasceno – Rua Grumixá, s/n.º (acesso pela Avenida Cantídio Sampaio, altura do n.º 4420)
• Jaraguá – Estrada de Taipas com Estrada do Corredor (praça sem nome)

QUINTA-FEIRA
• Vila Penteado – Praça Luiz José Junqueira Freire, s/n.º – Freguesia do Ó (atrás do Sacolão de Vila Penteado)
• Cachoeirinha – Jardim Peri – Avenida Francisco Machado da Silva, s/n.º (esquina com a Estrada Santa Inês)
• Parque Peruche – Casa Verde – Rua Santa Eudóxia, altura do n.º 679

SEXTA-FEIRA
• Brasilândia – Vila Icaraí – Avenida Humberto Gomes Maia, s/n.º (esquina com a Estrada Lázaro Amâncio Barros)
• Jardim ladeira Rosa – Brasilândia
• Cachoeirinha – Praça Victorio Finzetto (próximo à Avenida Penha Brasil); Praça Presidente Jânio da Silva Quadros, s/n.º (em frente ao n.º 147)

SÁBADO
• Cachoeirinha – Praça Professor José Soares de Mello, s/n.º
• Tremembé – Jardim Labitare – Rua dos Pássaros, s/n.º (próximo à Avenida Sezefredo Fagundes, altura do n.º 14125)
• Morro Doce – Anhanguera – Rua Eduardo Grusius, s/n.º

DOMINGO
• Jardim Brasil – Vila Medeiros – Praça Augusta Vitória, s/n.º (ao lado da Base da Polícia Militar)
• Tremembé – Jardim Joana D'Arc – Alameda das Cerejeiras, s/n.º (continuação da Rua Paineira Velha, próximo à Avenida Ushikichi Kamiya)
• Jardim Cidade Pirituba – Praça João Boldo, em frente ao n.º 340 da Rua Comendador Feiz Zarzur

Saraus

ELO DA CORRENTE
O Coletivo Elo da Corrente convida a comunidade para se reunir, recitar suas poesias, pensamentos e músicas. O objetivo do encontro é incentivar a leitura, a criatividade e a valorização da cena artística local.

Site: www.elo-da-corrente.blogspot.com
Telefone: (11) 3903-2649
Endereço: Rua Jurubim, 788 – Jardim Monte Alegre – Pirituba
Funcionamento: às quintas-feiras, às 20h30 (exceto na última quinta-feira do mês)
Entrada Catraca Livre

SARAU POESIA NA BRASA
O ponto de encontro reúne jovens da periferia interessados na troca de poesias, textos literários, música e manifestações artísticas em geral.

Site: www.brasasarau.blogspot.com
Telefone: (11) 3922-9545
Endereço: Rua Professor Viveiros Raposo, 543 – Brasilândia
Funcionamento: quinzenalmente aos sábados, às 20h30
Entrada Catraca Livre

leitura | zona **sul**

Centros Culturais

CASA POPULAR DE CULTURA M'BOI MIRIM
Há 25 anos, a casa é uma boa opção para os moradores da região apreciarem seus livros. Abriga também uma minibiblioteca.

Site: www.cpcmboi.blogspot.com
Telefone: (11) 5514-3408
Endereço: Avenida Inácio Dias da Silva, s/n.º (na altura do n.º 1000 da Estrada M'Boi Mirim) – Piraporinha
Funcionamento: de segunda a sexta, das 8h às 18h
Entrada Catraca Livre

FUNDAÇÃO DIXTAL
Atua como mediadora de leitura e tem como objetivo contribuir para a formação dos indivíduos, estimulando relacionamentos colaborativos por meio da difusão do hábito de ler.

Site: www.fundacaodixtal.org.br
Telefone: (11) 5852-5452
Endereço: Rua Geraldo Fraga de Oliveira, 624/628 – Jardim São Luís
Funcionamento: de segunda a sexta, das 8h às 18h
Entrada Catraca Livre

FUNDAÇÃO JULITA
Abriga a Biblioteca Antônio Manuel Alves de Lima, que tem um acervo de 16 mil títulos com assuntos bem variados, a serviço da comunidade.

Site: www.bibliotecada julita.blogspot.com
Telefone: (11) 5851-0943
Endereço: Rua Nova do Tuparoquera, 117 – Jardim São Luís
Funcionamento: de segunda a sexta, das 8h às 17h / sábados e domingos, 9h às 16h
Entrada Catraca Livre

PROJETO ARRASTÃO
Promove atividades culturais e educativas. Frequentemente são organizados saraus e encontros para leitura no espaço.

Site: www.arrastao.org.br
Telefone: (11) 5841-3366
Endereço: Rua Doutor Joviano Pacheco de Aguirre, 255 – Campo Limpo
Funcionamento: de segunda a sexta, das 7h às 18h / sábados, das 8h às 13h
Entrada Catraca Livre

QUINTASOITO
Acontece no Espaço Clariô e recebe artistas para leitura de poesia e literatura.

Site: www.espacoclario.blogspot.com
Telefones: (11) 9995-5416 / (11) 9748-8486
Endereço: Rua Santa Luzia, 96 – Taboão da Serra (próximo ao terminal de ônibus Guarapiranga)
Funcionamento: toda última quinta-feira do mês, às 20h
Entrada Catraca Livre

$ SESC IPIRANGA
Possui uma sala de conveniência e leitura com espaço de jogos e brinquedos para crianças.

Site: www.sescsp.org.br
Telefone: (11) 3340-2000
Endereço: Rua Bom Pastor, 822 – Ipiranga
Funcionamento: de terça a sexta, das 10h às 21h / sábados e domingos, das 9h às 17h
Entrada Catraca Livre e preços populares

$ SESC VILA MARIANA
Com área de estar e leitura, a unidade é uma boa opção para quem procura um lugar calmo e agradável para curtir um livro.

Site: www.sescsp.org.br
Telefone: (11) 5080-3000
Endereço: Rua Pelotas, 141 – Vila Mariana
◆ Estação Ana Rosa
Funcionamento: de terça a sexta, das 7h às 21h30 / sábados e domingos, das 9h às 18h30
Entrada Catraca Livre e preços populares

Bibliotecas

AMADEU AMARAL
Conta com acervo de aproximadamente 19 mil exemplares, constituído por livros de literatura e informação, revistas, atlas, multimídia, entre outros.

Site: www.prefeitura.sp.gov.br/cidade/secretarias/cultura/bibliotecas/bibliotecas_bairro
Telefone: (11) 5061-3320
Endereço: Rua José Clóvis de Castro, s/n.º (esquina com Avenida do Cursino, altura do n.º 1100) – Jardim da Saúde
Funcionamento: de segunda a sexta, das 8h às 17h / sábados, das 9h às 16h
Entrada Catraca Livre

leitura | zona **sul**

BIBLIOTECAS TEMÁTICAS DE SÃO PAULO (CULTURA POPULAR, CINEMA E LITERATURA FANTÁSTICA)

Além do acervo comum a todas as unidades da rede, as oito bibliotecas temáticas da cidade colocam à disposição da população um acervo específico e oferecem ampla programação cultural sobre um determinado assunto. A seguir, as da Zona Sul de São Paulo, com seus respectivos temas:

Site: www.prefeitura.sp.gov.br/cidade/secretarias/cultura/bibliotecas/programas_projetos/bibliotecas_tematicas/

BELMONTE – CULTURA POPULAR
Telefones: (11) 5687-0408 / (11) 5691-0433
Endereço: Rua Paulo Eiró, 525 – Santo Amaro
Funcionamento: de segunda a sexta, das 8h às 17h / sábados, das 9h às 16h
Entrada Catraca Livre

ROBERTO SANTOS – CINEMA
Telefones: (11) 2063-0901 / (11) 2273-2390
Endereço: Rua Cisplatina, 505 – Ipiranga
Funcionamento: de segunda a sexta, das 8h às 17h / sábados, das 9h às 16h
Entrada Catraca Livre

VIRIATO CORRÊA – LITERATURA FANTÁSTICA
Telefones: (11) 5573-4017 / (11) 5574-0389
Endereço: Rua Sena Madureira, 298 – Vila Mariana
◆ Estação Vila Mariana
Funcionamento: de terça a sexta, das 10h às 19h / sábados e domingos, das 11h às 18h
Entrada Catraca Livre

CASTRO ALVES
Conta com acervo de aproximadamente 33 mil exemplares, constituído por livros de literatura e informação, revistas, atlas, multimídia, entre outros.

Site: www.prefeitura.sp.gov.br/cidade/secretarias/cultura/bibliotecas/bibliotecas_bairro
Telefone: (11) 2946-4562
Endereço: Rua Abraão Mussa, s/n.º – Jardim Patente
Funcionamento: de segunda a sexta, das 8h às 17h / sábados, das 9h às 16h
Entrada Catraca Livre

CHÁCARA DO CASTELO
Conta com acervo de aproximadamente 30 mil exemplares, constituído por livros de literatura e informação, revistas, atlas, multimídia, entre outros.

Site: www.prefeitura.sp.gov.br/cidade/secretarias/cultura/bibliotecas/bibliotecas_bairro
Telefone: (11) 5573-4929
Endereço: Rua Brás Lourenço, 333 – Jardim da Glória
Funcionamento: de segunda a sexta, das 8h às 17h / sábados, das 9h às 16h
Entrada Catraca Livre

leitura | zona **sul**

COMUNITÁRIA DE HELIÓPOLIS

Faz parte do programa Identidade Cultural de Heliópolis, idealizado pelo arquiteto Ruy Ohtake. Atende a comunidade da maior favela de São Paulo. Oferece material de leitura, releitura de obras de arte, rodas de bate-papo, criação de pequenas publicações realizadas pelas crianças, sarau e lançamentos de livros de artistas da comunidade.

Site: www.unas.org.br
Telefone: (11) 2068-5846
Endereço: Rua da Mina Central, 52 A – Heliópolis
Funcionamento: de segunda a sexta, das 8h às 12h e das 13h às 17h
Entrada Catraca Livre

HELENA SILVEIRA

Conta com acervo de aproximadamente 30 mil exemplares, constituído por livros de literatura e informação, revistas, atlas, multimídia, entre outros.

Site: www.prefeitura.sp.gov.br/cidade/secretarias/cultura/bibliotecas/bibliotecas_bairro
Telefone: (11) 5841-1259
Endereço: Rua Doutor João Batista Reimão, 146 – Campo Limpo
Funcionamento: de segunda a sexta, das 8h às 17h / sábados, das 9h às 16h
Entrada Catraca Livre

JENNY KLABIN SEGALL

Aberta ao público desde 1973, seu nome é uma homenagem à escritora, tradutora de clássicos do teatro alemão e francês, esposa do pintor modernista Lasar Segall e idealizadora do Museu Lasar Segall, que abriga a biblioteca. Não há sistema de empréstimo, mas é oferecido serviço de cópias reprográficas, dentro dos limites da legislação vigente sobre o direito autoral e da política de conservação do acervo.

Site: www.museusegall.org.br
Telefone: (11) 5574-7322
Endereço: Rua Berta, 111 – Vila Mariana
⬥ Estação Chácara Klabin
Funcionamento: de terça a sábado, das 14h às 19h / domingos, das 14h às 18h
Entrada Catraca Livre

MALBA TAHAN

Conta com acervo de aproximadamente 35 mil exemplares, constituído por livros de literatura e informação, revistas, atlas, multimídia, entre outros. Destaque para o Laboratório de Línguas, que se destina ao aprendizado de idiomas por meio de cursos gratuitos, para autodidatas. Os idiomas oferecidos são alemão, francês, grego, hebraico, holandês, inglês americano, norueguês e sueco.

Site: www.prefeitura.sp.gov.br/cidade/secretarias/cultura/bibliotecas/bibliotecas_bairro
Telefone: (11) 5523-4556
Endereço: Rua Brás Pires Meira, 100 – Jardim Susana/Veleiros
Funcionamento: de segunda a sexta, das 8h às 17h / sábados, das 9h às 16h
Entrada Catraca Livre

MARCOS REY

Conta com acervo de aproximadamente 16 mil exemplares, constituído por livros de literatura, didáticos, paradidáticos, dicionários, enciclopédias, jornais, revistas, recortes, atlas, multimídia, entre outros.

Site: www.prefeitura.sp.gov.br/cidade/secretarias/cultura/bibliotecas/bibliotecas_bairro
Telefone: (11) 5845-2572
Endereço: Avenida Anacê, 92 – Jardim Umarizal – Campo Limpo
Funcionamento: de segunda a sexta, das 8h às 17h / sábados, das 9h às 16h
Entrada Catraca Livre

PAULO DUARTE

Conta com um acervo de aproximadamente 48 mil exemplares, constituído por livros de literatura e informação, revistas, atlas, multimídia, entre outros. Também possui documentação sobre o bairro do Jabaquara e abriga o Centro de Documentação do Idoso, que dispõe de livros e artigos de jornais e revistas.

Site: www.prefeitura.sp.gov.br/cidade/secretarias/cultura/bibliotecas/bibliotecas_bairro
Telefones: (11) 5011-7445 / (11) 5011-8819
Endereço: Rua Arsênio Tavolieri, 45 – Jabaquara
⬥ Estação Jabaquara
Funcionamento: de segunda a sexta, das 8h às 17h / sábados, das 9h às 16h
Entrada Catraca Livre

PAULO EMÍLIO SALLES GOMES (CINEMATECA)

Seu acervo é formado por aproximadamente 4.700 livros, 130 pesquisas acadêmicas, 2 mil catálogos, 2 mil folhetos

leitura | **zona sul**

e 1.200 pastas que reúnem diversos documentos, como certificados de censura, convites, *press releases* e *papers* – todos sobre o universo do cinema. Há também uma coleção com cerca de 3 mil roteiros e outra com 8 mil cartazes de filmes e de eventos cinematográficos.

Site: www.cinemateca.gov.br
Telefone: (11) 3512-6111, ramal 102
Endereço: Largo Senador Raul Cardoso, 207 – Sala BNDES
◊ Estação Vila Mariana
Funcionamento: de segunda a sexta, das 9h às 17h / sábados, das 14h às 18h (recomenda-se que o interessado solicite a pesquisa com antecedência ao setor, por telefone ou por e-mail)
Entrada Catraca Livre

PREFEITO PRESTES MAIA

Conta com um acervo de aproximadamente 51 mil exemplares, constituído por livros de literatura e informação, revistas, atlas, multimídia, entre outros. Uma atração é a Coleção Prestes Maia, que reúne 12 mil obras de arquitetura, urbanismo, estética, história, literatura e outros assuntos, com edições raras e especiais em diversas línguas, revistas especializadas, folhetos, relatórios, plantas, medalhas, obras de arte e objetos pessoais de Francisco Prestes Maia, que foi prefeito de São Paulo. Possui também acervo em braile.

Site: www.prefeitura.sp.gov.br/cidade/secretarias/cultura/bibliotecas/bibliotecas_bairro
Telefone: (11) 5687-0513
Endereço: Avenida João Dias, 822 – Santo Amaro
Funcionamento: de segunda a sexta, das 9h às 18h / sábados, das 9h às 16h
Entrada Catraca Livre

Pontos de Leitura

BOSQUES DA LEITURA

A Zona Sul de São Paulo comporta dois dos 10 Bosques da Leitura promovidos pela Prefeitura. A proposta é oferecer um ambiente cultural alternativo em parques da cidade para incentivar a leitura. Os bosques dispõem de acervo de literatura, informação e lazer. A seguir, os endereços.

Site: www.prefeitura.sp.gov.br/cidade/secretarias/cultura/bibliotecas/bosque_leitura

PARQUE DO IBIRAPUERA

Telefones: (11) 3675-8096 / (11) 2291-5763
Endereço: Avenida República do Líbano, 1151 – Portão 7 (ao lado do Viveiro Manequinho Lopes) – Parque do Ibirapuera
Funcionamento: domingos, das 9h30 às 16h
Entrada Catraca Livre

PARQUE SANTO DIAS

Telefones: (11) 3675-8096 / (11) 2291-5763
Endereço: Travessa Jasmim da Beirada, 71 – Capão Redondo
Funcionamento: domingos, das 9h30 às 16h
Entrada Catraca Livre

ESPAÇO DE LEITURA ZALINA ROLIM

Criado no início de 2008, está localizado nas dependências da antiga biblioteca. Conta com acervo de aproximadamente 39 mil exemplares, constituído por livros didáticos, paradidáticos, dicionários, enciclopédias, jornais, revistas, recortes, mapas, atlas, multimídia, entre outros.
Além do empréstimo de livros, revistas e outros materiais, são promovidos eventos culturais, como exposições, cursos, oficinas e palestras.

Site: www.prefeitura.sp.gov.br/cidade/secretarias/cultura/bibliotecas/bibliotecas_bairro
Telefone: (11) 5573-2606
Endereço: Rua Corredeira, 26 – Vila Mariana
◊ Estação Imigrantes
Funcionamento: de segunda a sexta, das 8h às 16h / sábados, das 8h às 15h
Entrada Catraca Livre

PONTOS DE LEITURA

O projeto foi desenvolvido pela Coordenadoria do Sistema Municipal de Bibliotecas da Secretaria Municipal de Cultura em parceria com as subprefeituras, com o objetivo de suprir as necessidades de leitura e informação em regiões desprovidas de equipamentos culturais, como alternativa à construção de bibliotecas públicas. A seguir, a relação dos Pontos de Leitura da Zona Sul.

Site: www.prefeitura.sp.gov.br/cidade/secretarias/cultura/bibliotecas/pontos_leitura

leitura | zona sul

CAROLINA MARIA DE JESUS
Telefone: (11) 5921-3665
Endereço: Rua Teresinha Prado de Oliveira, 119 – Parelheiros
Funcionamento: de segunda a sexta, das 9h às 16h
Entrada Catraca Livre

GRACILIANO RAMOS
Telefone: (11) 3496-9638
Endereço: Rua Professor Oscar Barreto Filho, 252 (Calçadão Cultural do Grajaú), Parque América – Grajaú
Funcionamento: de segunda a sexta, das 10h às 17h
Entrada Catraca Livre

PRAÇA DO BAMBUZAL
Telefone: (11) 5833-3567
Endereço: Rua da Colônia Nova s/n.º (Praça Nativo Rosa de Oliveira / Praça do Bambuzal) – Jardim Ângela
Funcionamento: de segunda a sexta, das 8h às 18h
Entrada Catraca Livre

Itinerantes

ÔNIBUS-BIBLIOTECA
O projeto possibilita que pessoas de bairros mais distantes tenham acesso a livros, periódicos e gibis. São nove ônibus, com roteiros estabelecidos de acordo com a ausência de bibliotecas públicas na região e também por sugestão da população local. Os ônibus funcionam de terça a domingo, das 10h às 16h. A seguir, o roteiro na Zona Sul de São Paulo.

Site: www.prefeitura.sp.gov.br/cidade/secretarias/cultura/bibliotecas/onibus_biblioteca

TERÇA-FEIRA
• Jardim Ângela – Estrada do M'Boi Mirim, altura do n.º 4250 (ao lado da Base da Polícia Militar)
• Jardim Vaz de Lima – Jardim São Luís – Rua Emérico Lobo de Mesquita, s/n.º
• Cidade Dutra – Jardim Orion – Rua Marciano da Silva, s/n.º

QUARTA-FEIRA
• Vila São José – Cidade Dutra – Praça José Boemer Roschel, s/n.º (próximo à Praça José Shunck)
• Grajaú – Parque Grajaú – Rua Miraflores, altura do n.º 228
• Jardim das Rosas – Capão Redondo – Rua Abril Peres, 50

QUINTA-FEIRA
• Capão Redondo – Rua Marmeleira da Índia, s/n.º (próximo ao Parque Santo Dias)
• Cidade Ademar – Vila Stéfani – Praça Cel. Benedito de C. Oliveira, s/n.º
• Jardim Olinda – Campo Limpo – Rua Cardoso Moreira, 551

SEXTA-FEIRA
• Parque Brasil – Grajaú – Avenida Dona Belmira Marin, 3865 (estacionamento do Supermercado Compre Bem)
• Jardim Primavera – Cidade Dutra – Praça João Beiçola da Silva, altura do n.º 700 (próximo à Avenida Lourenço Cabreira)
• Pedreira – Jardim da Pedreira – Praça do Acuri, s/n.º

SÁBADO
• Jardim Miriam – Praça Fernando Braga Pereira da Rocha, altura do n.º 5947 da Avenida Cupecê (estacionamento do antigo Sacolão da Prefeitura)
• Pedreira – Balneário São Francisco – Praça Fausto Amaro Gonçalves, s/n.º
• Jardim Vera Cruz – M'Boi Mirim – Avenida dos Funcionários Públicos, s/n.º (próximo ao CEU Vila do Sol)

DOMINGO
• Jardim das Palmas – Vila Andrade – Rua das Belezas, s/n.º (Praça do Arariba, ao final da rua)
• Grajaú – Parque Residencial dos Lagos – Rua João Bernardo de Mendonça, altura do n.º 220
• Colônia – Parelheiros – Praça Nossa Senhora Aparecida, 77

Saraus

ASTRONÔMICO (E BANHO DE LUA)
Uma vez por semestre, amantes do céu e da poesia se encontram no Planetário do Parque do Ibirapuera para uma noite com músicas, poesias e curiosidades sobre o universo astronômico. O público também pode observar o céu através de telescópios. O projeto é uma parceria com o Centro Cultural São Paulo, que também oferece uma programação voltada para o tema. A cada dois meses, sempre às sextas-feiras, das 19h às 21h, um encontro chamado Banho de Lua é realizado no CCSP. O evento começa com um debate liderado pela equipe que promove o Sarau Astronômico. Em seguida, todos vão observar os astros no céu, em especial a Lua.

PLANETÁRIO
Site: www.prefeitura.sp.gov.br/cidade/secretarias/meio_ambiente/planetarios
Telefone: (11) 5575-5206
Endereço: Avenida Pedro Álvares Cabral, s/n.º

leitura | zona sul

Funcionamento: programação
disponível no site
Entrada Catraca Livre

CCSP
Site: www.centrocultural.sp.gov.br
Telefones: (11) 3397-4002 /
(11) 3397-4062
Endereço: Rua Vergueiro, 1000 – Paraíso
◆ Estação Vergueiro
Funcionamento: programação
disponível no site
Entrada Catraca Livre

PERIFATIVIDADE
O encontro, que acontece
mensalmente, reúne pessoas
para leitura de poesias e trechos
literários. Um caldinho de feijão
é servido aos participantes.

Site: www.coletivo
perifatividade.blogspot.com
Telefone: (11) 6351-0560 (Vander)
Endereço: Rua Nossa Senhora da Saúde,
1007 – Bar do Boné – Vila das Mercês
Funcionamento: todo penúltimo
sábado do mês, às 19h
Entrada Catraca Livre

SARAU DA ADEMAR
Mescla recitais de poemas escritos
ou interpretados por artistas e
moradores locais. O encontro
poético é também regado com
muita música.

Site: www.sarau-da-ademar.
blogspot.com
Telefones: (11) 9466-9067 /
(11) 8375-6371 (Lid's)
Endereço: Rua Professor Felício
Cintra do Prado, 152 – Bar do
Carlinhos – Cidade Ademar
Funcionamento: segundo domingo
do mês, às 17h
Entrada Catraca Livre

SARAU DA COOPERIFA
A Cooperativa Cultural da
Periferia se tornou um dos
saraus mais reconhecidos
da cidade. Os encontros no
Zé Batidão surgiram em 2001,
quando moradores do Jardim
São Luís, poetas e amantes
da literatura decidiram criar
um evento semanal para
promover a poesia. Hoje,
o nome Cooperifa não se
resume apenas ao sarau.
Funciona como um centro
cultural, polo de artistas
e intelectuais, motivo de
orgulho para os moradores
da região.

Site: www.cooperifa.blogspot.com
Telefone: (11) 5891-7403
Endereço: Rua Bartolomeu dos
Santos, 797 – Jardim São Luís
Funcionamento:
quartas-feiras, às 21h
Entrada Catraca Livre

SARAU DO BINHO
O famoso sarau realizado
no Campo Limpo reúne
artistas, poetas e pessoas
da comunidade, que, com o
microfone nas mãos, declamam
sentimentos, poesias, músicas e
encenações teatrais. O objetivo
é promover um intercâmbio
cultural entre os frequentadores.
Binho é o realizador do projeto
Bicicloteca, pelo qual bicicletas
transportam e disponibilizam
livros pela comunidade.

Site: www.saraudobinho.blogspot.com
Telefone: (11) 3535-6463

DRAGO

Endereço: Rua Avelino Lemos Júnior, 60
(em frente à Uniban) – Campo Limpo
Funcionamento: segundas, às 21h
Entrada Catraca Livre

SARAU SERTANEJO
Acontece na Biblioteca
Temática de Cultura Popular
Belmonte. Diferentemente
dos outros saraus, traz modas
de viola antigas e músicas
regionais. O público pode
interagir com os sertanejos
cantando as canções, além
de apreciar as poesias caipiras.
Mais do que um encontro
literário, é um encontro
musical, que começa no meio
da tarde e invade a noite.

Site: www.sarausertanejo.
blogspot.com
Telefones: (11) 5687-0408 /
(11) 5691-0433
Endereço: Rua Paulo Eiró, 525 –
Santo Amaro
Funcionamento: todo último sábado
do mês, às 15h
Entrada Catraca Livre

leitura | zona leste

Centros Culturais

💲 MEMORIAL DO IMIGRANTE
Conta a história do país e de sua miscigenação racial tão característica. Além do Museu da Imigração, abriga o Centro de Pesquisa e Documentação, o Núcleo Histórico dos Transportes e o Núcleo de Estudos e Tradições. Até a data de impressão deste guia, o espaço estava fechado para obras de restauro, sem previsão de abertura.

Site: www.memorialdo
imigrante.sp.gov.br
Telefone: (11) 2692-2497
Endereço: Rua Visconde de Parnaíba, 1316 – Mooca
◆ Estação Bresser
Funcionamento: programação disponível no site
Preços populares

INSTITUTO POMBAS URBANAS
Abriga a Biblioteca Comunitária Milton José Assumpção, com mais de 7 mil títulos, que compõem um acervo de livros raros sobre arte e literatura. As seções mais procuradas são as de biografia e religião. Atende mensalmente mais de mil pessoas na brinquedoteca e promove ações de incentivo à leitura.

Site: www.pombasurbanas.org.br
Telefone: (11) 2285-5962
Endereço: Avenida dos Metalúrgicos, 2100 – Cidade Tiradentes
Funcionamento: de terça a domingo, das 10h às 18h
Entrada Catraca Livre

Bibliotecas

ADELPHA FIGUEIREDO
Conta com um acervo de aproximadamente 35 mil exemplares, constituído por livros de literatura e informação, revistas, atlas, multimídia, entre outros.

Site: www.prefeitura.sp.gov.br/cidade/secretarias/cultura/bibliotecas/bibliotecas_bairro
Telefone: (11) 2292-3439
Endereço: Praça Ilo Ottani, 146 – Canindé
Funcionamento: de segunda a sexta, das 8h às 17h / sábados, das 9h às 16h
Entrada Catraca Livre

ARNALDO MAGALHÃES DE GIÁCOMO
Conta com um acervo de aproximadamente 42 mil exemplares, constituído por livros didáticos, paradidáticos, dicionários, enciclopédias, jornais, revistas, recortes, mapas, atlas, multimídia, entre outros.

Site: www.prefeitura.sp.gov.br/cidade/secretarias/cultura/bibliotecas/bibliotecas_bairro
Telefones: (11) 2295-0785 / (11) 2092-0108
Endereço: Rua Restinga, 136 – Tatuapé
Funcionamento: de segunda a sexta, das 8h às 17h / sábados, das 9h às 16h
Entrada Catraca Livre

AURELIANO LEITE
Conta com um acervo de aproximadamente 25 mil exemplares, constituído por livros de literatura e informação, revistas, atlas, multimídia, entre outros.

Site: www.prefeitura.sp.gov.br/cidade/secretarias/cultura/bibliotecas/bibliotecas_bairro
Telefone: (11) 2211-7716
Endereço: Rua Otto Schubart, 196 – Parque São Lucas
Funcionamento: de segunda a sexta, das 8h às 17h / sábados, das 9h às 16h
Entrada Catraca Livre

BIBLIOTECAS TEMÁTICAS DE SÃO PAULO (MÚSICA E CONTOS DE FADA)
Além do acervo comum a todas as unidades da rede, as oito bibliotecas temáticas da cidade colocam à disposição da população um acervo específico e oferecem ampla programação cultural sobre um determinado assunto. A seguir, as da Zona Leste, com seus respectivos temas.

Site: www.prefeitura.sp.gov.br/cidade/secretarias/cultura/bibliotecas/programas_projetos/bibliotecas_tematicas/

CASSIANO RICARDO – MÚSICA
Telefones: (11) 2092-4570 / (11) 2942-9952
Endereço: Avenida Celso Garcia, 4200 – Tatuapé
Funcionamento: de segunda a sexta, das 8h às 17h / sábados, das 9h às 16h
Entrada Catraca Livre

leitura | zona **leste**

HANS CHRISTIAN ANDERSEN – CONTOS DE FADA
Telefone: (11) 2295-3447
Endereço: Avenida Celso Garcia, 4142 – Tatuapé
Funcionamento: de segunda a sexta, das 8h às 17h / sábados, das 9h às 16h
Entrada Catraca Livre

CORA CORALINA
Conta com um acervo de aproximadamente 36 mil exemplares, constituído por livros de literatura e informação, revistas, atlas, multimídia, entre outros.

Site: www.prefeitura.sp.gov.br/cidade/secretarias/cultura/bibliotecas/bibliotecas_bairro
Telefone: (11) 2557-8004
Endereço: Rua Otelo Augusto Ribeiro, 113 – Guaianases
Funcionamento: de segunda a sexta, das 8h às 17h / sábados, das 9h às 16h
Entrada Catraca Livre

EMBARQUE NA LEITURA (TATUAPÉ)
São quatro as bibliotecas que integram o projeto Ler é Saber do Instituto Brasil Leitor (IBL), instaladas nas estações do Metrô de São Paulo: Paraíso, Tatuapé, Santa Cecília e Brás. Os acervos contemplam literatura brasileira, autoajuda, best-seller, infantojuvenil, filosofia, religião, ciências sociais, linguística, artes e história, entre outros.

Endereço: Estação Tatuapé
Funcionamento: de segunda a sexta, das 11h às 20h
Entrada Catraca Livre

GILBERTO FREYRE
Conta com um acervo de aproximadamente 16 mil exemplares, constituído por livros de literatura e informação, revistas, atlas, multimídia, entre outros. Também reúne documentação sobre o bairro do Sapopemba.

Site: www.prefeitura.sp.gov.br/cidade/secretarias/cultura/bibliotecas/bibliotecas_bairro
Telefone: (11) 2143-1811
Endereço: Rua José Joaquim, 290 – Sapopemba
Funcionamento: de segunda a sexta, das 8h às 17h / sábados, das 9h às 16h
Entrada Catraca Livre

JAMIL ALMANSUR HADDAD
Conta com um acervo de aproximadamente 18 mil exemplares, constituído por livros de literatura e informação, revistas, atlas, multimídia, entre outros.

Site: www.prefeitura.sp.gov.br/cidade/secretarias/cultura/bibliotecas/bibliotecas_bairro
Telefone: (11) 2557-0067
Endereço: Rua Andes, 491-A – Guaianases
Funcionamento: de segunda a sexta, das 8h às 17h / sábados, das 9h às 16h
Entrada Catraca Livre

JOSÉ PAULO PAES
Em 2005, as bibliotecas Guilherme de Almeida e Sra. Leandro Dupré, criadas no início da década de 1970, foram unificadas, passando a denominar-se José Paulo Paes. O acervo de aproximadamente 86 mil exemplares é constituído por livros didáticos, paradidáticos, dicionários, enciclopédias, jornais, revistas, recortes, mapas, atlas, multimídia, entre outros.

Site: www.prefeitura.sp.gov.br/cidade/secretarias/cultura/bibliotecas/bibliotecas_bairro
Telefones: (11) 2295-9624 / (11) 2295-0401
Endereço: Largo do Rosário, 20 – Penha
Funcionamento: de segunda a sexta, das 8h às 17h / sábados, das 9h às 16h
Entrada Catraca Livre

JOVINA ROCHA ÁLVARES PESSOA
Em 2005, as bibliotecas Plínio Ayrosa e Jovina Rocha Álvares Pessoa, criadas no início dos anos 1980, foram unificadas, passando a denominar-se Jovina Rocha Álvares Pessoa. O acervo de aproximadamente 36 mil exemplares é constituído por livros de literatura e informação, revistas, atlas, multimídia, entre outros.

Site: www.prefeitura.sp.gov.br/cidade/secretarias/cultura/bibliotecas/bibliotecas_bairro
Telefones: (11) 2741-7371 / (11) 2741-0371
Endereço: Avenida Padre Francisco de Toledo, 331 – Artur Alvim
Funcionamento: de segunda a sexta, das 8h às 17h / sábados, das 9h às 16h
Entrada Catraca Livre

leitura | zona leste

LENYRA FRACCAROLI
Conta com um acervo de aproximadamente 31 mil exemplares, constituído por livros de literatura e informação, revistas, atlas, multimídia, entre outros.

Site: www.prefeitura.sp.gov.br/cidade/secretarias/cultura/bibliotecas/bibliotecas_bairro
Telefone: (11) 2295-2295
Endereço: Praça Haroldo Daltro, 451 – Vila Nova Manchester
Funcionamento: de segunda a sexta, das 8h às 17h / sábados, das 9h às 16h
Entrada Catraca Livre

MILTON SANTOS
Conta com um acervo de aproximadamente 31 mil exemplares, constituído por livros de literatura e informação, revistas, atlas, multimídia, entre outros.

Site: www.prefeitura.sp.gov.br/cidade/secretarias/cultura/bibliotecas/bibliotecas_bairro
Telefone: (11) 2726-4882
Endereço: Avenida Aricanduva, 5777 – Aricanduva
Funcionamento: de segunda a sexta, das 8h às 17h / sábados, das 9h às 16h
Entrada Catraca Livre

PAULO SETÚBAL
Conta com um acervo de aproximadamente 38 mil exemplares, constituído por livros de literatura e informação, revistas, atlas, multimídia, entre outros.

Site: www.prefeitura.sp.gov.br/cidade/secretarias/cultura/bibliotecas/bibliotecas_bairro
Telefones: (11) 2211-1508 / (11) 2211-1507
Endereço: Avenida Renata, 163 – Vila Formosa
Funcionamento: de segunda a sexta, das 8h às 17h / sábados, das 9h às 16h / domingos, das 10h às 15h
Entrada Catraca Livre

RAIMUNDO DE MENEZES
Conta com um acervo de aproximadamente 19 mil exemplares, constituído por livros de literatura e informação, revistas, atlas, multimídia, entre outros.

PARQUE ECOLÓGICO DO TIETÊ
A Biblioteca do Parque Ecológico do Tietê possui um amplo acervo bibliográfico de aproximadamente 14 mil livros catalogados, com ênfase em assuntos ambientais, didáticos, romances, histórias do Parque Ecológico, do Rio Tietê e de São Paulo. Oferece suporte informativo aos visitantes, estudantes e professores. Seu conteúdo pode ser utilizado para pesquisas escolares e técnicas, e por universitários das áreas de biologia, ambiental, arquitetura e urbanismo. Também dispõe de uma sala de mapas aerofotogramétricos da várzea do Tietê na Grande São Paulo, que mostra a área do parque antes de sua construção e todo o projeto desenvolvido pelo arquiteto Ruy Ohtake. Uma sala de maquetes também está à disposição dos interessados.

Site: www.ecotiete.org.br
Telefone: (11) 2858-1477
Endereço: Rua Guiará Acangatara, 70 – Engenheiro Goulart
⊕ Estação Penha
Funcionamento: de terça a domingo, das 9h às 12h e das 13h30 às 16h
Entrada Catraca Livre

leitura | zona leste

Site: www.prefeitura.sp.gov.br/cidade/secretarias/cultura/bibliotecas/bibliotecas_bairro
Telefone: (11) 2297-4053
Endereço: Avenida Nordestina, 780 – São Miguel Paulista
Funcionamento: de segunda a sexta, das 8h às 17h / sábados, das 9h às 16h
Entrada Catraca Livre

RICARDO RAMOS

Conta com um acervo de aproximadamente 41 mil exemplares, constituído por livros de literatura e informação, revistas, atlas, multimídia, entre outros.

Site: www.prefeitura.sp.gov.br/cidade/secretarias/cultura/bibliotecas/bibliotecas_bairro
Telefone: (11) 2273-4860
Endereço: Praça do Centenário de Vila Prudente, 25 – Vila Prudente
🚇 Estação Vila Prudente
Funcionamento: de segunda a sexta, das 8h às 17h / sábados, das 9h às 16h
Entrada Catraca Livre

RUBENS BORBA DE MORAES

Conta com um acervo de aproximadamente 20 mil exemplares, constituído por livros de literatura e informação, revistas, atlas, multimídia, entre outros.

Site: www.prefeitura.sp.gov.br/cidade/secretarias/cultura/bibliotecas/bibliotecas_bairro
Telefone: (11) 2943-5255
Endereço: Rua Sampei Sato, 440 – Ermelino Matarazzo
Funcionamento: de segunda a sexta, das 8h às 17h / sábados, das 9h às 16h
Entrada Catraca Livre

SÉRGIO BUARQUE DE HOLANDA

Conta com um acervo de aproximadamente 19 mil exemplares, constituído por livros de literatura e informação, revistas, atlas, multimídia, entre outros.

Site: www.prefeitura.sp.gov.br/cidade/secretarias/cultura/bibliotecas/bibliotecas_bairro
Telefone: (11) 2205-7406
Endereço: Rua Augusto Carlos Bauman, 564 – Itaquera
Funcionamento: de segunda a sexta, das 8h às 17h / sábados, das 9h às 16h
Entrada Catraca Livre

VICENTE DE CARVALHO

Conta com um acervo de aproximadamente 11 mil exemplares, constituído por livros de literatura e informação, revistas, atlas, multimídia, entre outros.

Site: www.prefeitura.sp.gov.br/cidade/secretarias/cultura/bibliotecas/bibliotecas_bairro
Telefone: (11) 2521-0553
Endereço: Rua Guilherme Valência, 210, Cohab José Bonifácio – Itaquera
Funcionamento: de segunda a sexta, das 8h às 17h / sábados, das 9h às 16h
Entrada Catraca Livre

VINÍCIUS DE MORAES

Conta com um acervo de aproximadamente 16 mil exemplares, constituído por livros de literatura e informação, revistas, atlas, multimídia, entre outros.

Site: www.prefeitura.sp.gov.br/cidade/secretarias/cultura/bibliotecas/bibliotecas_bairro
Telefone: (11) 2521-6914
Endereço: Rua Jardim Tamoio, 1119, Cohab José Bonifácio – Itaquera
Funcionamento: de segunda a sexta, das 8h às 17h / sábados, das 9h às 16h
Entrada Catraca Livre

VICENTE PAULO GUIMARÃES

Conta com um acervo de aproximadamente 26 mil exemplares, constituído por livros de literatura e informação, revistas, atlas, multimídia, entre outros.

Site: www.prefeitura.sp.gov.br/cidade/secretarias/cultura/bibliotecas/bibliotecas_bairro
Telefone: (11) 2035-5322
Endereço: Rua Jaguar, 225 – Vila Curuçá
Funcionamento: de segunda a sexta, das 8h às 17h / sábados, das 9h às 16h
Entrada Catraca Livre

leitura | zona leste

Pontos de Leitura

BOSQUES DA LEITURA

A Zona Leste da cidade comporta três dos 10 Bosques da Leitura promovidos pela Prefeitura. A proposta é oferecer um ambiente cultural alternativo em parques da cidade para incentivar a leitura. Os bosques dispõem de acervo de literatura, informação e lazer. A seguir, os endereços.

Site: www.prefeitura.sp.gov.br/cidade/secretarias/cultura/bibliotecas/bosque_leitura

PARQUE DO CARMO
Endereço: Avenida Afonso de Sampaio e Souza, 951 – Itaquera
Funcionamento: sábados e domingos, das 9h30h às 16h
Entrada Catraca Livre

PARQUE ESPORTIVO DOS TRABALHADORES
Telefones: (11) 2671-8788 / (11) 3675-8096
Endereço: Rua Canuto Abreu, s/n.º – Vila Formosa
Funcionamento: domingos, das 9h30 às 16h
Entrada Catraca Livre

PARQUE LAJEADO
Telefones: (11) 2153-6215 / (11) 3675-8096
Endereço: Rua Antônio Thadeo, 74 – Guaianases
Funcionamento: domingos, das 9h30 às 16h
Entrada Catraca Livre

PONTOS DE LEITURA

O projeto foi desenvolvido pela Coordenadoria do Sistema Municipal de Bibliotecas da Secretaria Municipal de Cultura em parceria com as subprefeituras, com o objetivo de suprir as necessidades de leitura e informação em regiões desprovidas de equipamentos culturais, como alternativa à construção de bibliotecas públicas. A seguir, a relação dos Pontos de Leitura da Zona Leste.

Site: www.prefeitura.sp.gov.br/cidade/secretarias/cultura/bibliotecas/pontos_leitura

ANDRÉ VITAL
Telefone: (11) 2282-2562
Endereço: Avenida dos Metalúrgicos, 2255 – Cidade Tiradentes
Funcionamento: de segunda a sexta, das 8h às 17h / sábados e domingos, das 11h às 17h
Entrada Catraca Livre

JARDIM LAPENNA
Telefone: (11) 2297-3532
Endereço: Rua Serra da Juruoca, s/n.º (Galpão da Cultura e Cidadania) – Jardim Lapenna
Funcionamento: de segunda a sábado, das 8h às 18h
Entrada Catraca Livre

JUSCELINO KUBITSCHEK
Telefone: (11) 2556-3036
Endereço: Avenida Inácio Monteiro, 55 – Cidade Tiradentes
Funcionamento: de segunda a sexta, das 8h às 17h / sábados e domingos, das 11h às 17h
Entrada Catraca Livre

PARQUE DO RODEIO
Telefone: (11) 2555-4276
Endereço: Rua Igarapé da Bela Aurora, s/n.º – Cidade Tiradentes
Funcionamento: de segunda a sexta, das 8h às 17h / sábados e domingos, das 11h às 17h
Entrada Catraca Livre

PIQUERI
Telefones: (11) 2092-6524 / (11) 3862-3581
Endereço: Rua Tuiuti, 515 – Tatuapé
Funcionamento: de segunda a sexta, das 8h30 às 17h30 / sábados e domingos, das 9h às 16h
Entrada Catraca Livre

SÃO MATEUS
Telefone: (11) 2019-1718
Endereço: Rua Fortaleza de Itapema, 268 – Jardim Vera Cruz
Funcionamento: de segunda a sexta, das 9h às 16h
Entrada Catraca Livre

SEVERINO DO RAMO
Telefone: (11) 2963-2742
Endereço: Rua Barão de Alagoas, 340 – Itaim Paulista
Funcionamento: de segunda a sábado, das 9h às 18h
Entrada Catraca Livre

VILA MARA
Telefone: (11) 2586-2526
Endereço: Rua Conceição do Almeida, 170 – São Miguel Paulista
Funcionamento: de segunda a sexta, das 9h às 17h / sábados, das 9h às 16h
Entrada Catraca Livre

leitura | zona leste

Itinerantes

ÔNIBUS-BIBLIOTECA

O projeto possibilita que pessoas de bairros mais distantes tenham acesso a livros, periódicos e gibis. São nove ônibus, com roteiros estabelecidos de acordo com a ausência de bibliotecas públicas na região e também por sugestão da população local. Os ônibus funcionam de terça a domingo, das 10h às 16h. Abaixo, o roteiro na Zona Leste.

Site: www.prefeitura.sp.gov.br/cidade/secretarias/cultura/bibliotecas/onibus_biblioteca

TERÇA-FEIRA
• Jardim Iguatemi – Rua Barros Penteado, 40
• Cangaíba – Vila Sílvia – Avenida Alfredo Ribeiro Castro, s/n.º (próximo à Avenida Engenheiro João Goulart)
• Jardim Elba – Sapopemba – Rua Custódio de Sá e Faria, s/n.º

QUARTA-FEIRA
• Jardim Helena – Avenida Kumaki Aoki, s/n.º (Praça Craveiro do Campo) São Miguel Paulista I – Rua Adão Manoel (em frente à Praça Nossa Senhora Aparecida, ao lado da Igreja) – União de Vila Nova
• Haia do Carrão – Aricanduva – Praça Padre Nelson J. Sigristi (conhecida como Praça Santo Eduardo), s/n.º

QUINTA-FEIRA
• Jardim Colorado – São Mateus – Rua Lázaro Gonçalves Fraga, s/n.º (esquina Praça João Galli)
• Ponte Rasa – Avenida das Alamandas, s/n.º – Cidade A. E. Carvalho

• Sapopemba – Travessa José Milton da Silva (em frente ao Hospital Geral de São Mateus), s/n.º

SEXTA-FEIRA
• Parque São Rafael – Avenida Baronesa de Muritiba, altura do n.º 750
• Parque do Carmo – Rua Joaquim Meira de Siqueira, s/n.º (próximo à Avenida Mar Vermelho)
• Jardim São Francisco – São Rafael – Rua Morro das Pedras, em frente ao 206

SÁBADO
• Itaim Paulista – Rua Paulo Tapajós, altura do n.º 210
• São Miguel Paulista II – Rua Capachos, s/n.º (em frente ao CEU Três Pontes) – Jardim Romano
• São Mateus – Praça Felisberto Fernandes de Silva, s/n.º (ao lado da base da Polícia Militar)

DOMINGO
• Cidade Tiradentes – Avenida dos Metalúrgicos, s/n.º (esquina com a Avenida Leandro)
• Cidade Líder – Praça José Ênio Silveira, s/n.º
• Jardim Nove de Julho – São Mateus – Praça General Manoel Rabelo com Rua Doutor Paulo Queiroz, s/n.º

Saraus

AUTORIA JOVEM
Acontece no Clube da Comunidade (CDC) da Fundação Tide Setubal. É um espaço para coletivos e jovens da região apresentarem suas produções culturais em música, artes cênicas, literatura e artes visuais. Já virou ponto de encontro. Ocorre há mais de quatro anos, sempre às sextas-feiras.

Site: www.fundacaotidesetubal.org.br
Telefone: (11) 2297-5969
Endereço: Rua Mário Dallari, 170 – São Miguel Paulista
Funcionamento: de segunda a sábado, das 8h às 17h
Entrada Catraca Livre

ASSESSORIA DE IMPRENSA

leitura | zona **oeste**

Centros Culturais

ASSOCIAÇÃO CULTURAL CACHUERA!
Visa contribuir para a valorização da cultura popular tradicional brasileira e de suas comunidades produtoras em todos os setores da sociedade, com ênfase no meio educacional. Seu acervo destaca-se pelos registros de música, dança, teatro, narrativas, entrevistas e depoimentos realizados a partir de 1988 no contexto de ritos religiosos e festas populares. Para ter acesso é preciso preencher o formulário no site.

Site: www.cachuera.org.br
Telefones: (11) 3872-8113 / (11) 3875-5563
Endereço: Rua Monte Alegre, 1094 – Perdizes
Funcionamento: programação disponível no site
Entrada Catraca Livre

FNAC
As unidades Paulista e Pinheiros possuem um centro cultural ativo, com uma programação repleta de eventos, como contação de histórias, *pocket shows*, noites de autógrafos e debates com escritores e artistas convidados. Também promovem novos talentos da literatura, música e demais tipos de arte.

Site: www.fnac.com.br

FNAC PAULISTA
Telefone: (11) 2123-2000
Endereço: Avenida Paulista, 901 – Bela Vista
⬥ Estação Trianon-Masp
Funcionamento: de segunda a sábado, das 10h às 22h / domingos, das 11h às 20h
Entrada Catraca Livre e preços populares

FNAC PINHEIROS
Telefone: (11) 3579-2000
Endereço: Praça dos Omaguás, 34 – Pinheiros
Funcionamento: de segunda a sábado, das 10h às 22h / domingos, das 10h às 21h
Entrada Catraca Livre e preços populares

💲 LIVRARIA CORTEZ
Promove diversas atividades voltadas para a leitura, como as oficinas com jogos didáticos, debates, leitura de textos variados e contação de histórias para crianças. Recebe também convidados para noites de autógrafos e palestras. O Cordel na Cortez é um de seus eventos mais famosos. Realizado duas vezes ao ano, o encontro aborda os temas xilogravura, cordel e literatura nacional, com uma programação de vários dias. Para saber os horários dos eventos, consulte o site da livraria.

Site: www.livrariacortez.com.br
Telefone: (11) 3873-7111
Endereço: Rua Bartira, 317 – Perdizes
⬥ Estação Sumaré
Funcionamento: de segunda a sexta, das 9h às 20h / sábados, das 9h às 14h
Entrada Catraca Livre e preços populares

SESI VILA LEOPOLDINA
Espaço dedicado à cultura contemporânea, direcionado ao público jovem e aos interessados em novas linguagens e experimentações artísticas. Reúne a Biblioteca e Gibiteca Sesi, o Cineclube Sesi e áreas ao ar livre, com atividades e programações sobre literatura, quadrinhos, artes eletrônicas, artes cênicas, cinema e música.

Site: www.sesisp.org.br/cultura
Telefones: (11) 3834-5523 / (11) 3834-3832
Endereço: Rua Carlos Weber, 835 – Vila Leopoldina
Funcionamento: de segunda a sexta, das 18h às 20h / sábados, das 10h às 17h
Entrada Catraca Livre

Bibliotecas

ÁLVARO GUERRA
Conta com um acervo de aproximadamente 28 mil exemplares, constituído por livros de literatura e informação, revistas, atlas, multimídia, entre outros.

Site: www.prefeitura.sp.gov.br/cidade/secretarias/cultura/bibliotecas/bibliotecas_bairro
Telefone: (11) 3031-7784
Endereço: Avenida Pedroso de Morais, 1919 – Pinheiros
Funcionamento: de segunda a sexta, das 8h às 17h / sábados, das 9h às 16h
Entrada Catraca Livre

ANNE FRANK
Conta com um acervo de aproximadamente 38 mil exemplares, constituído por livros de literatura e informação, revistas, atlas, multimídia, entre outros.

leitura | zona **oeste**

Site: www.prefeitura.sp.gov.br/cidade/secretarias/cultura/bibliotecas/bibliotecas_bairro
Telefone: (11) 3078-6352
Endereço: Rua Cojuba, 45 – Itaim Bibi
Funcionamento: de segunda a sexta, das 8h às 17h / sábados, das 9h às 16h
Entrada Catraca Livre

BIBLIOTECA CENTRAL DA POLI/USP
Reúne obras gerais de referência e as destinadas aos alunos do 1.º e do 2.º anos da Escola Politécnica. É depositária das publicações da Escola Politécnica, das teses e dissertações ali produzidas e das obras antigas, pouco utilizadas nas bibliotecas setoriais.

Site: www.poli.usp.br/bibliotecas
Telefone: (11) 3091-5360
Endereço: Avenida Professor Luciano Gualberto, Travessa 3, 380 – Cidade Universitária
Funcionamento: de segunda a sexta, das 8h às 18h
Entrada Catraca Livre

BIBLIOTECAS TEMÁTICAS (CIÊNCIAS E POESIA)
Além do acervo comum a todas as unidades da rede, as oito bibliotecas temáticas da cidade colocam à disposição da população um acervo específico e oferecem ampla programação cultural sobre um determinado assunto. A seguir as da Zona Oeste, com seus respectivos temas.

Site: www.prefeitura.sp.gov.br/cidade/secretarias/cultura/bibliotecas/programas_projetos/bibliotecas_tematicas/

ALCEU AMOROSO LIMA – POESIA
Telefone: (11) 3082-5023
Endereço: Rua Henrique Schaumann, 777 – Pinheiros
Funcionamento: de segunda a sexta, das 8h às 17h / sábados, das 9h às 16h
Entrada Catraca Livre

MÁRIO SCHENBERG – CIÊNCIAS
Telefones: (11) 3675-1681 / (11) 3672-0456
Endereço: Rua Catão, 611 – Lapa
Funcionamento: de segunda a sexta, das 8h às 17h / sábados, das 9h às 16h
Entrada Catraca Livre

CAMILLA CERQUEIRA CÉSAR
Conta com um acervo de aproximadamente 26 mil exemplares, constituído por livros de literatura e informação, revistas, atlas, multimídia, entre outros.

Site: www.prefeitura.sp.gov.br/cidade/secretarias/cultura/bibliotecas/bibliotecas_bairro
Telefone: (11) 3731-5210
Endereço: Rua Waldemar Sanches, 41 – Butantã
Funcionamento: de segunda a sexta, das 8h às 17h / sábados, das 9h às 16h
Entrada Catraca Livre

CARLOS BENJAMIN DE LYRA
Pertencente ao Instituto de Matemática e Estatística (IEB), é circulante entre os docentes e alunos das várias unidades sediadas nos *campi* da USP. Quem não for docente ou aluno tem acesso ao acervo mediante apresentação de documento.

Site: www.ime.usp.br/bib
Telefones: (11) 3091-6109 / (11) 3091-6269
Endereço: Rua do Matão, 1010 – Cidade Universitária
Funcionamento: de segunda a sexta, das 8h às 21h (período letivo); das 8h às 19h (período de férias ou recesso escolar)
Entrada Catraca Livre

CLARICE LISPECTOR
Conta com um acervo de aproximadamente 39 mil exemplares, constituído por livros didáticos, paradidáticos, dicionários, enciclopédias, jornais, revistas, recortes, mapas, atlas, multimídia, entre outros.

Site: www.prefeitura.sp.gov.br/cidade/secretarias/cultura/bibliotecas/bibliotecas_bairro
Telefone: (11) 3672-1423
Endereço: Rua Jaricunas, 458 – Lapa
Funcionamento: de segunda a sexta, das 8h às 17h / sábados, das 9h às 16h
Entrada Catraca Livre

DANTE MOREIRA LEITE
Pertencente ao Instituto de Psicologia da USP, tem um dos mais completos acervos da América Latina na área de psicologia.

Site: www.ip.usp.br
Telefone: (11) 3091-4190
Endereço: Avenida Professor Melo Morais, 1721 – Cidade Universitária
Funcionamento: de segunda a sexta, das 8h às 19h (período letivo); das 8h às 17h (período de férias e recesso escolar)
Entrada Catraca Livre

leitura | zona oeste

ESCOLA SÃO PAULO
A Biblioteca da Escola São Paulo oferece um acervo de literatura e títulos de áreas específicas da cultura, como moda, cinema, vídeo, teatro, arquitetura, gastronomia, fotografia, design, artes plásticas e música. Também abriga um arquivo com renomadas publicações internacionais, além de um espaço confortável para leitura.

Site: www.escolasaopaulo.org
Telefone: (11) 3060-3636
Endereço: Rua Augusta, 2239 – Jardim Paulista
⬥ Estação Consolação
Funcionamento: de segunda a sexta, das 8h às 20h / sábados, das 9h às 18h
Entrada Catraca Livre

FLORESTAN FERNANDES
É destinada à faculdade de Filosofia, Letras e Ciências Humanas (FFLCH), da USP. Além de atender a comunidade universitária, é dirigida à comunidade científica nacional, pois possui um dos maiores e mais completos acervos da área de ciências humanas no país.

Site: www.biblioteca.fflch.usp.br/
Telefone: (11) 3091-4377
Endereço: Avenida Professor Lineu Prestes, Travessa 12, 350 – Cidade Universitária
Funcionamento: de segunda a sexta, das 8h30 às 22h (período letivo); das 9h às 20h (período de férias e recesso escolar) / sábados, das 9h às 13h (período letivo)
Entrada Catraca Livre

LOURIVAL GOMES MACHADO
É a biblioteca do Museu de Arte Contemporânea (MAC) da USP. Fundada juntamente com o museu, recebeu um acervo de livros que pertencera ao pintor Paulo Osir. Em 1969, o Conselho Administrativo decidiu que a biblioteca teria o nome de Lourival Gomes Machado, homenageando um dos primeiros professores a ministrar cursos de história da arte na USP.

Site: www.mac.usp.br
Telefone: (11) 3091-3022
Endereço: Rua da Praça do Relógio, 160 – Cidade Universitária
Funcionamento: segundas, quartas e sextas, das 9h às 18h / terças e quintas, das 9h às 20h
Entrada Catraca Livre

LATINO-AMERICANA VICTOR CIVITA
Localizada no Memorial da América Latina, a biblioteca contém mais de 2 mil registros da coleção de vídeos de ficção e documentários da produção cinematográfica mundial e, principalmente, latino-americana. Tem também um acervo especializado de aproximadamente 25 mil exemplares na área de humanidades e artes.

Site: www.bvmemorial.fapesp.br
Telefone: (11) 3823-4600
Endereço: Avenida Auro Soares de Moura Andrade, 664
⬥ Estação Barra Funda
Funcionamento: de segunda a sexta, das 9h às 19h / sábados, das 9h às 15h
Entrada Catraca Livre

MARIA LUÍSA MONTEIRO DA CUNHA
É a biblioteca da Escola de Comunicação e Artes (ECA/USP). Oferece apresentação de peças de teatro e acervo de materiais audiovisuais para pesquisa.

Site: www.eca.usp.br/biblioteca
Telefones: (11) 3091-4071 / (11) 3091-4481
Endereço: Avenida Professor Lúcio Martins Rodrigues, 443 – Cidade Universitária
Funcionamento: de segunda a sexta, das 8h às 22h (período letivo); das 8h às 18h (período de férias e recesso escolar)
Entrada Catraca Livre

leitura | zona **oeste**

Pontos de Leitura

BOSQUE DA LEITURA PARQUE RAPOSO TAVARES

Está entre os 10 Bosques da Leitura promovidos pela Prefeitura. A proposta é oferecer um ambiente cultural alternativo em parques da cidade para incentivar a leitura. Os bosques dispõem de acervo de literatura, informação e lazer.

Site: www.prefeitura.sp.gov.br/cidade/secretarias/cultura/bibliotecas/bosque_leitura
Telefone: (11) 3735-1372
Endereço: Rua Telmo Coelho Filho, 200 – Vila Albano
Funcionamento: domingos, das 9h30 às 16h
Entrada Catraca Livre

CINESESC

Além da sala de cinema, oferece o Espaço de Leitura, ambiente agradável onde é possível ler jornais e revistas de temáticas variadas.

Site: www.sescsp.org.br
Telefone: (11) 3087-0500
Endereço: Rua Augusta, 2075 – Jardim Paulista
◆ Estação Consolação
Funcionamento: de segunda a domingo, das 14h às 21h30
Preços populares

ESPAÇO DE LEITURA CECÍLIA MEIRELES

Criado em 2008, está localizado nas dependências da antiga Biblioteca Cecília Meireles e dispõe de acervo de obras de referência, livros didáticos, paradidáticos e de literatura infantil e juvenil.

Site: www.prefeitura.sp.gov.br/cidade/secretarias/cultura/bibliotecas/bibliotecas_bairro
Telefone: (11) 3834-0004
Endereço: Rua Araçatuba, 522 – Vila Romana
Funcionamento: de segunda a sexta, das 8h às 17h / sábados, das 9h às 16h
Entrada Catraca Livre

Saraus

ARTE E ARTEIROS

É realizado no Centro Cultural Tendal da Lapa, com performances de literatura de cordel, contação de histórias, poesia, música, teatro, dança e outras expressões artísticas.

Site: www.tendaldalapa.blogspot.com
Telefone: (11) 3862-1837
Endereço: Rua Constança, 72 – Lapa
Funcionamento: toda última sexta-feira do mês, a partir das 19h
Entrada Catraca Livre

LITERÁRIO DRAMÁTICO E MUSICAL

Todo primeiro sábado do mês, a Casa de Cultura do Butantã abre suas portas para o sarau. Em cada encontro, um artista é escolhido para ser homenageado. Em seguida, o espaço fica aberto para quem quiser se manifestar artisticamente.

Telefone: (11) 3744-4369
Endereço: Rua Junta Mizumoto, 13 – Jardim Peri-Peri – Butantã

Funcionamento: primeiro sábado de cada mês, das 18h30 às 21h
Entrada Catraca Livre

SARAU DO CHARLES

Sucesso de público desde sua primeira edição, em 1996, reúne poetas, mímicos, bailarinos, contadores de histórias, palhaços, atores, circenses e músicos, além de profissionais e amadores, iniciantes e veteranos.

Site: www.rosadacatarina.com.br
Telefone: (11) 3537-9331
Endereço: Rua Fradique Coutinho, 1004 – Vila Madalena
Funcionamento: todo terceiro sábado do mês, às 22h
Entrada Catraca Livre

ZAP (ZONA AUTÔNOMA DA PALAVRA)

De responsabilidade do Núcleo Bartolomeu, que tem como foco a valorização das culturas de rua dentro das diversas manifestações de arte, o ZAP abre espaço para poetas, escritores e mentes criativas.

Site: www.zapslam.blogspot.com
Telefone: (11) 3803-9396
Endereço: Rua Doutor Augusto de Miranda, 786 – Pompeia
Funcionamento: toda segunda quinta-feira do mês, às 19h
Entrada Catraca Livre

RAPPER EMICIDA

MÚSICA

música | zona central

Centros Culturais

CAIXA CULTURAL SÉ

Fomenta diversos tipos de manifestações culturais e artísticas. A programação diária abrange shows musicais, dança, teatro, exposições, cursos, entre outras atividades.

Site: www.caixacultural.com.br
Telefone: (11) 3321-4400
Endereço: Praça da Sé, 111 – Centro
◆ Estação Sé
Funcionamento: de terça a sábado, das 9h às 21h
Entrada Catraca Livre

CASA DA DONA YAYÁ

Em 2003, durante o processo de restauração da antiga chácara Casa de Dona Yayá, da década de 1920, várias atividades culturais foram ali promovidas para dar visibilidade ao patrimônio e fazer com que entrasse no circuito cultural da cidade. O processo culminou com a transferência do Centro de Preservação Cultural para a casa, onde hoje são oferecidas atividades, como cursos e oficinas, além das exposições de arte. Aos domingos, acontece o projeto Domingo na Yayá, com apresentações musicais a partir das 11h.

Site: www.usp.br/cpc
Telefone: (11) 3106-3562
Endereço: Rua Major Diogo, 353 – Bela Vista
Funcionamento: de segunda a sexta, das 10h às 16h / domingos, a partir das 11h
Entrada Catraca Livre

CENTRO CULTURAL FIESP RUTH CARDOSO

Toda quarta-feira, às 20h, o palco do Teatro do Sesi é reservado para shows de renomados artistas da música contemporânea, brasileira e internacional. O projeto Música em Cena contempla apresentações que vão da Renascença à música erudita contemporânea, dentro de um leque diversificado de grupos, intérpretes e repertórios. Tem como proposta principal formar plateias, ampliar o acesso da população a esse tipo de espetáculo e dar oportunidades a grupos eruditos e instrumentais. Os concertos acontecem aos domingos, ao meio-dia.

Site: www.sesisp.org.br/home/2006/centrocultural
Telefone: (11) 3146-7405
Endereço: Avenida Paulista, 1313 – Cerqueira César
◆ Estação Trianon-Masp
Funcionamento: segunda, das 11h às 20h / de terça a sábado, das 10h às 20h / domingo, das 10h às 19h
Entrada Catraca Livre

$ CENTRO CULTURAL SÃO PAULO

Concebido para abrigar uma extensão da Biblioteca Mário de Andrade, o CCSP se transformou em um dos primeiros espaços culturais multidisciplinares do país. Sua programação mantém algumas séries fixas de música, como Clássicos do Domingo (música erudita), aos domingos, 11h30; Concerto ao Meio-Dia, às terças-feiras, 12h30; Quinta na Faixa (música popular), às quintas, 19h; Show ao Meio-Dia, às sextas, 12h30. Promove também o Sintonia do Rock, que acontece em julho, em homenagem ao Dia Mundial do Rock.

Site: www.centrocultural.sp.gov.br
Telefones: (11) 3397-4002 / (11) 3397-4062
Endereço: Rua Vergueiro, 1000 – Paraíso
◆ Estação Vergueiro
Funcionamento: de terça a domingo, das 10h às 21h
Entrada Catraca Livre e preços populares

COLETIVO 132

Promove eventos sociais e culturais. Na área musical, destaque para os shows com apresentações de bandas nacionais, DJs e MCs, e o Clube do Vinil, encontro de apreciadores da cultura do vinil para escutar, tocar e trocar os "bolachões".

Site: www.coletivo132.wordpress.com
Endereço: Rua Nilo, 132 – Liberdade
◆ Estação Vergueiro
Funcionamento: programação disponível no site
Entrada Catraca Livre

música | zona central

ESCOLA DE MÚSICA DO ESTADO DE SÃO PAULO TOM JOBIM (UNIDADE LUZ)

Com cursos totalmente gratuitos, a Emesp Tom Jobim é especializada na formação dos futuros profissionais da música erudita e popular. Ao longo do ano, acontecem ali centenas de concertos, shows, palestras, workshops e *master classes*, com os principais músicos da cena musical brasileira e internacional. Os eventos ocorrem não apenas no auditório da instituição, mas também em espaços, como Auditório Ibirapuera, Teatro Fecap, Pinacoteca do Estado de São Paulo, Auditório do Masp, unidades do Sesc-SP, Memorial da América Latina, Sala São Paulo, entre outros.

O Núcleo de Música Antiga Emesp é o único do gênero no país e, além de formação em instrumentos de época (renascentistas e barrocos), apresenta espetáculos gratuitos de alto nível. A Camerata Aberta, grupo residente de professores da Emesp, também se apresenta com frequência. Além disso, a escola sedia os Grupos Jovens do Estado de São Paulo, de formação pré-profissional, que se exibem em diversos espaços culturais da cidade.

Site: www.emesp.org.br
Telefones: (11) 3585-9888 / (11) 3585-9897
Endereço: Largo General Osório, 147 – Luz
⬆ Estação Luz
Funcionamento: programação disponível no site
Entrada Catraca Livre

⬆ Estação Vergueiro
Funcionamento: de segunda a sábado, das 8h às 22h
Entrada Catraca Livre

$ FUNDAÇÃO NACIONAL DA ARTE

Na área de música, a Funarte fomenta e apoia festivais, encontros e seminários de música. Promove a circulação nacional de concertos e shows, bandas e orquestras em atividade regular, produz edições gráficas e fonográficas e realiza um permanente e rigoroso registro do patrimônio sonoro brasileiro. Atua por meio do Centro de Música (Cemus), que administra as coordenações das áreas de música erudita e popular, além de espaços culturais dedicados ao segmento.

Site: www.funarte.gov.br
Telefone: (11) 3662-5177
Endereço: Alameda Nothmann, 1058 – Campos Elísios
Funcionamento: programação disponível no site
Entrada Catraca Livre e preços populares

ESCOLA MUNICIPAL DE MÚSICA

Promove o projeto Musi@vivA, com apresentação de professores, todos os sábados, a partir das 14h, no auditório da escola. O repertório é bem variado.

Site: www.prefeitura.sp.gov.br/cidade/secretarias/cultura/theatromunicipal
Telefones: (11) 3209-6580 / (11) 3209-7865
Endereço: Rua Vergueiro, 961, Paraíso (o acesso para deficientes físicos fica na Rua Apeninos, 368)

música | zona central

INSTITUTO ITAÚ CULTURAL
O trabalho do instituto é dedicado à pesquisa e à produção de conteúdo, além do mapeamento, da difusão e do incentivo às manifestações artístico-intelectuais. Dentro dessa proposta, promove projetos voltados para o segmento musical, que também podem ter seus melhores momentos conferidos na internet.

Site: www.itaucultural.org.br
Telefone: (11) 2168-1700
Endereço: Avenida Paulista, 149 – Bela Vista
✜ Estação Brigadeiro
Funcionamento: de terça a sexta, das 9h às 20h / sábados, domingos e feriados, das 11h às 20h
Entrada Catraca Livre

MATILHA CULTURAL
Instalada em três andares de um edifício no centro da cidade, a entidade exibe variada programação independente, sem fins lucrativos. A arena, com paredes de tijolos e piso de madeira recuperada em demolições da cidade, é um ambiente aconchegante e flexível que recebe shows, mostras visuais e multimídia, workshops, apresentações acústicas, entre outras atividades.

Site: www.matilhacultural.com.br
Telefone: (11) 3256-2636
Endereço: Rua Rego Freitas, 542 – República
✜ Estação República
Funcionamento: programação disponível no site.
Entrada Catraca Livre

$ SALA SÃO PAULO
Esta é uma das mais modernas e bem equipadas salas de concerto da América Latina. O local é a sede da Orquestra Sinfônica do Estado de São Paulo (Osesp) e ocupa o prédio da Estação Júlio Prestes, transformado em um complexo cultural em 1999. A sala tem 1.484 lugares e 22 camarotes. A grande inovação tecnológica foi a construção de um teto móvel, formado por placas que podem ser abaixadas ou levantadas para ajustar a qualidade de som, de acordo com o tipo de música a ser tocada. Aos domingos, acontece o projeto Concertos Matinais, sempre às 11h, com entrada gratuita. Durante a semana, há também ensaios abertos ao público, a preços populares.

Site: www.osesp.art.br
Telefones: (11) 3367-9500 / (11) 3223-3966
Endereço: Praça Júlio Prestes, s/n.º – Luz
✜ Estação Luz
Funcionamento: programação disponível no site
Entrada Catraca Livre e preços populares

$ GALERIA OLIDO
A programação diária do espaço é bem diversificada. Além dos espetáculos musicais, há sessões de cinema, oficinas de dança e informática, e exposições. Fazem parte da programação musical os seguintes projetos: Corredor da Galeria Olido, Rock na Vitrine, SP em Retalhos, Quintas do Samba-Rock e Rodas de Samba.

Site: www.prefeitura.sp.gov.br/cidade/secretarias/cultura/galeria_olido
Telefones: (11) 3331-8399 / (11) 3397-0171
Endereço: Avenida São João, 473 – República
✜ Estação República
Funcionamento: de terça a domingo, das 10h às 21h
Entrada Catraca Livre e preços populares

música | zona central

💲 SESC CARMO

A rede Sesc apresenta ações programáticas de artes plásticas, artemídia, cinema, dança, literatura, música e teatro. Programação disponível no site.

Site: www.sescsp.org.br
Telefone: (11) 3111-7000
Endereço: Rua do Carmo, 147 – Centro
Funcionamento: de segunda a sexta, das 9h às 20h
Entrada Catraca Livre e preços populares

💲 SESC CONSOLAÇÃO

Além das apresentações programáticas de artes plásticas, artemídia, cinema, dança, literatura e teatro, a unidade realiza shows de música. Promove o programa de música Instrumental Sesc Brasil, originalmente realizado na unidade Avenida Paulista, que até a impressão deste guia estava fechada para reforma. Programação disponível no site.

Site: www.sescsp.org.br
Telefone: (11) 3234-3000
Endereço: Rua Doutor Vila Nova, 245 – Vila Buarque
Funcionamento: de segunda a sexta, das 7h às 22h / sábados e feriados, das 9h às 18h
Entrada Catraca Livre e preços populares

💲 THEATRO MUNICIPAL

Nasceu em meio ao desenvolvimento da indústria e do café no início do século 20. A intenção foi construir um espaço à altura das grandes companhias estrangeiras. Por seu palco passaram nomes como Maria Callas, Enrico Caruso, Arturo Toscanini, Claudio Arau, Arthur Rubinstein, Ana Pawlova, Nijinsky, Isadora Duncan, Nureyev, Margot Fonteyn, Baryshnikov, Duke Ellington e Ella Fitzgerald. Atualmente, seu corpo artístico é composto pela Orquestra Sinfônica Municipal, Orquestra Experimental de Repertório, Balé da Cidade de São Paulo, Quarteto de Cordas da Cidade de São Paulo, Coral Lírico, Coral Paulistano e as Escolas de Dança e de Música de São Paulo.

Site: www.prefeitura.sp.gov.br/cidade/secretarias/cultura/theatromunicipal
Telefone: (11) 3241-3815
Endereço: Praça Ramos de Azevedo, s/n.º – Centro
🚇 Estação Anhangabaú
Funcionamento: programação disponível no site
Entrada Catraca Livre e preços populares

Auditórios

💲 MASP – MUSEU DE ARTE DE SÃO PAULO

Todas as semanas, os auditórios do museu oferecem espetáculos musicais, como apresentações de orquestras sinfônicas, concertos variados e recitais, entre outros gêneros. O projeto Música no Masp, realizado em parceria com a ArtInvest, ocorre todas as terças-feiras, às 12h30.

Site: www.masp.art.br
Telefone: (11) 3251-5644
Endereço: Avenida Paulista, 1578 – Cerqueira César
🚇 Estação Trianon-Masp
Funcionamento: de terça a domingo, das 11h às 18h / quintas-feiras, das 11h às 20h
Entrada Catraca Livre às terças-feiras e preços populares nos demais dias

💲 STUDIO SP

O espaço promove o projeto Cedo e Sentado, que acontece todas as terças e quartas-feiras quando há lançamento de algum disco. O objetivo é mostrar novas bandas da cena independente.

Site: www.studiosp.org
Telefone: (11) 3129-7040
Endereço: Rua Augusta, 591 – Consolação
🚇 Estação Consolação
Funcionamento: programação disponível no site
Entrada Catraca Livre e preços populares

TEATRO EVA HERZ
LIVRARIA CULTURA

O teatro oferece, além das peças de teatro (pagas), concertos, shows de diferentes estilos musicais, palestras e debates, sempre com entrada gratuita. Destaque para a programação de *pocket shows*, que traz artistas da nova safra musical brasileira.

Site: www.livrariacultura.com.br/teatro
Telefone: (11) 3170-4059
Endereço: Av. Paulista, 2073 – Conjunto Nacional – Livraria Cultura – Cerqueira César

música | zona **central**

Estação Consolação
Funcionamento: programação disponível no site
Entrada Catraca Livre

Eventos

PRAÇA DOM JOSÉ GASPAR – PIANO NA PRAÇA

Promovido pela Secretaria da Cultura, o evento é programação regular desde 2006, sempre aos sábados. Nasceu inspirado nos recitais de piano que ocupam o mesmo local durante a Virada Cultural. Já participaram da iniciativa inúmeros artistas de renome, brasileiros e estrangeiros, além de novos nomes da música.

Site: www.prefeitura.sp.gov.br/cidade/secretarias/cultura
Endereço: Praça Dom José Gaspar – Centro
Estação República
Funcionamento: programação disponível no site
Entrada Catraca Livre

PROGRAMA GURI

Com 50 polos de ensino em 12 municípios da Grande São Paulo, oferece vagas em cursos de formação em música para crianças e adolescentes, além de cursos de música para a comunidade. Tem cinco grupos infantojuvenis: Orquestra Sinfônica, Banda Sinfônica, Coral, Orquestra de Cordas e Camerata de Violões, que apresentam uma temporada de concertos gratuitos em diversos espaços de São Paulo, como os teatros dos CEUs (Centros Educacionais Unificados), a Praça Victor Civita (série Guri na Praça) e o auditório da Biblioteca de São Paulo. A série Horizontes Musicais leva à periferia da capital e à região metropolitana de São Paulo o maior conjunto de concertos didáticos gratuitos, com grandes nomes da música brasileira (em 2011, foram 16 grupos, entre os quais Hermeto Pascoal, Quinteto Villa-Lobos, Quaternaglia e Mawaca). Os concertos englobam música renascentista, jazz contemporâneo, choro, música cênica, música erudita contemporânea e *world music*.

Site: www.gurisantamarcelina.org.br
Telefone: (11) 3585-9888
Endereço: sede administrativa – Largo General Osório, 147, 3.º andar – Luz
Funcionamento: programação disponível no site
Entrada Catraca Livre

Escolas de Samba

💲 GAVIÕES DA FIEL

Criada em 1973, a escola resultou da necessidade de unir os integrantes da torcida Gaviões da Fiel nos períodos pós-campeonato. Os integrantes da torcida passaram a desfilar com as cores preto e branco, imediatamente associadas às do Corinthians.

Site: www.gavioes.com.br
Telefone: (11) 3221-2066
Endereço: Rua Cristina Thomas, 183 – Bom Retiro
Funcionamento: sextas-feiras, a partir das 22h
Preços populares

💲 VAI-VAI

O primeiro desfile oficial do Cordão Vai Vai foi em fevereiro de 1930, com o tema sobre a cidade de São Paulo. Em 1972, tornou-se oficialmente uma escola de samba, tendo vivido uma grande fase no final dos anos 1990 e início dos anos 2000, quando conquistou o primeiro lugar nos carnavais de 1998 a 2001.

Site: www.vaivai.com.br
Telefone: (11) 3266-2581
Endereço: Rua São Vicente, 276 – Bela Vista
Funcionamento: domingos, a partir das 19h
Preços populares

música | zona **norte**

Centros Culturais

CENTRO CULTURAL DA JUVENTUDE RUTH CARDOSO

Promove o Sexta Sonora, com apresentações musicais de pequeno porte em ambiente intimista. São realizados de dois a quatro shows por mês, às sextas-feiras, das 20h às 21h30. Já o projeto Ao Vivo no CCJ acontece sempre no segundo sábado e no último domingo de cada mês, com apresentações de bandas de médio e grande porte, de interesse do público juvenil. Os sábados são dedicados ao samba e ao samba-rock, e os domingos se abrem para os mais variados gêneros musicais. Além disso, o CCJ sedia o primeiro Laboratório de Multimeios da Secretaria Municipal da Cultura. Um dos destaques, entre suas ilhas de vídeo e produção gráfica, é o serviço gratuito de gravação musical, que faz parte do projeto Escuta. Os grupos mixam, editam e masterizam seus trabalhos.

Site: ccjuve.prefeitura.sp.gov.br
Telefone: (11) 3984-2466
Endereço: Avenida Deputado Emilio Carlos, 3641 – Vila Nova Cachoeirinha
Funcionamento: de terça a sábado, das 10h às 20h / domingos, das 10h às 18h
Entrada Catraca Livre

$ CENTRO DE TRADIÇÕES NORDESTINAS

Fundado na década de 1990, o local é um ponto de encontro dos migrantes. Para disseminar a cultura nordestina em São Paulo, o CTN conta com uma estrutura de quiosques, restaurantes com barzinhos e uma igreja construída em homenagem a Frei Damião. Possui também um busto do cantor e compositor Luiz Gonzaga. Todas as sextas-feiras, sábados e domingos, vários shows são ali realizados.

Site: www.ctn.org.br
Telefone: (11) 3488-9400
Endereço: Rua Jacofer, 615 – Bairro do Limão
Funcionamento: de segunda a quinta, das 11h30 às 15h30 / sextas-feiras e sábados, das 11h às 4h / domingos das 11h à 0h
Entrada Catraca Livre e preços populares

$ SESC SANTANA

Inaugurada em 2005, a unidade abriga um teatro com capacidade para mais de 300 pessoas. Oferece apresentações musicais gratuitas ou a preços populares. Programação disponível no site.

Site: www.sescsp.org.br
Telefone: (11) 2971-8700
Endereço: Avenida Luiz Dumont Villares, 579 – Santana
Funcionamento: de terça a sexta, das 10h às 22h / sábados, das 10h às 21h / domingos e feriados, das 10h às 19h
Entrada Catraca Livre e preços populares

Eventos

SAMBA DA FEIRA

Evento no qual moradores da região se reúnem no meio da feira para tocar e dançar samba durante a tarde toda.

Telefone: (11) 9830-6285 (Daniel)
Endereço: Avenida Eulina, s/n.º – Vila Santa Maria
Funcionamento: terceiro domingo do mês, a partir das 11h
Entrada Catraca Livre

música | zona **norte**

Escolas de Samba

ACADÊMICOS DO TUCURUVI
Surgiu de uma turma de amigos que gostava de brincar e fazer folia no Carnaval, nas ruas do Tucuruvi. Aos poucos, o grupo foi adquirindo adeptos e terminou como um bloco estruturado.

Site: www.academicosdotucuruvi.com.br
Telefone: (11) 2204-7342
Endereço: Av. Mazzei, 722 – Tucuruvi
Funcionamento: sábados, a partir das 21h
Preços populares

IMPÉRIO DE CASA VERDE
O nome visava simbolizar uma escola de samba que fosse além da avenida, com projetos sociais e culturais para a comunidade. Desde sua criação, em 1994, foi a que mais rápido chegou ao grupo especial.

Site: www.imperiodecasaverde.com.br
Telefone: (11) 3961-4956
Endereço: Avenida Engenheiro Caetano Álvares, 2042 – Casa Verde
Funcionamento: sábados, a partir das 22h
Entrada Catraca Livre

MOCIDADE ALEGRE
Foi a primeira a adotar destaques em carros alegóricos. A Morada do Samba, tradicional sede e quadra de ensaios da escola, inaugurada em 1970, está situada em um terreno onde antes funcionou um ferro-velho.

Site: www.mocidadealegre.com.br
Telefone: (11) 3857-7525
Endereço: Avenida Casa Verde, 3498 – Bairro do Limão
Funcionamento: domingos, a partir das 17h
Preços populares

MORRO DA CASA VERDE
Nasceu na década de 1960. As cores verde e rosa foram inspiradas na escola de samba de Mangueira, do Rio de Janeiro.

Site: www.morrodacasaverde.zip.net
Telefone: (11) 3965-8964
Endereço: Rua Ernani Salomão Rosas Ribeiro, 137 – Parque Peruche
Funcionamento: segundas, das 20h às 23h
Entrada Catraca Livre

ROSAS DE OURO
Fundada em 1971 por um grupo de amigos, seu nome foi escolhido em homenagem a uma condecoração outorgada pelos papas às princesas católicas, que recebiam um buquê de rosas de ouro. Quem também recebeu o buquê especial foi a Princesa Isabel, em 1888, após assinar a Lei Áurea.

Site: www.sociedaderosas deouro.com.br
Telefones: (11) 3931-4555 / (11) 3931-0608
Endereço: Rua Coronel Euclides Machado, 1066 – Freguesia do Ó
Funcionamento: quartas, a partir das 21h / sextas, a partir das 21h30
Preços populares

UNIDOS DA VILA MARIA
Nasceu em meados dos anos 1950, com desfiles que de início aconteciam nas ruas do bairro de Vila Maria. Conquistou o título de campeã no segundo ano em que desfilou oficialmente, em 1957.

Site: www.unidosdavilamaria.com.br
Telefone: (11) 2981-3154
Endereço: Rua Cabo João Monteiro da Rocha, 447 – Vila Maria
Funcionamento: domingos, a partir das 20h30
Preços populares

UNIDOS DO PERUCHE
Foi fundada na década de 1950, a partir de um bloco de foliões criado por um grupo de amigos que participavam da escola de samba Lavapés. Aos poucos, foi crescendo e, nos anos 1980, tornou-se uma das pioneiras a fazer desfilar carros alegóricos gigantescos para os padrões paulistanos da época.

Site: www.unidosdoperuche.org.br
Telefone: (11) 3951-4099
Endereço: Avenida Ordem e Progresso, 1061 – Bairro do Limão
Funcionamento: quartas, sextas e domingos, a partir das 20h
Preços populares

X-9 PAULISTANA
A escola foi fundada por amigos que jogavam futebol de várzea na Parada Inglesa. Inicialmente, chamou-se Filhotes da X-9 e apenas na década de 1980 passou a ter o nome atual.

Site: www.x9paulistana.com.br
Telefones: (11) 2959-3377 / (11) 2975-3893
Endereço: Avenida Luiz Dumont Villares, 324 – Jardim São Paulo
Funcionamento: domingos, a partir das 20h
Preços populares

música | zona **sul**

Centros Culturais

CASA POPULAR DE CULTURA M'BOI MIRIM

Abriga a Sociedade Samba Dá Cultura, um grupo criado em 2006 por moradores da região de Santo Amaro, imediações da Guarapiranga e M'Boi Mirim. O principal objetivo é promover um encontro entre amigos para apreciar uma boa roda de samba. O encontro acontece sempre no primeiro domingo do mês, das 17h às 22h.

Site: www.cpcmboi.blogspot.com
Telefone: (11) 5514-3408
Endereço: Avenida Inácio Dias da Silva, s/n.º (na altura do n.º 1000 da Estrada M'Boi Mirim) – Piraporinha
Funcionamento: de segunda a sexta, das 8h às 18h
Entrada Catraca Livre

ESCOLA DE MÚSICA DO ESTADO DE SÃO PAULO TOM JOBIM (UNIDADE BROOKLIN)

Com cursos totalmente gratuitos, a Emesp Tom Jobim é especializada na formação dos futuros profissionais da música erudita e popular. Ao longo do ano, acontecem ali centenas de concertos, shows, palestras, workshops e *master classes*, com os principais músicos da cena musical brasileira e internacional. Os eventos ocorrem não apenas no auditório da instituição, mas também em espaços como Auditório Ibirapuera, Teatro Fecap, Pinacoteca do Estado de São Paulo, Auditório do Masp, unidades do Sesc-SP, Memorial da América Latina, Sala São Paulo, entre outros. O Núcleo de Música Antiga Emesp é o único do gênero no país, e além de formação em instrumentos de época (renascentistas e barrocos), apresenta espetáculos gratuitos de alto nível. A Camerata Aberta, grupo residente de professores da Emesp, também se apresenta com frequência. Além disso, a escola sedia os Grupos Jovens do Estado de São Paulo, de formação pré-profissional, que se exibem em diversos espaços culturais da cidade.

Site: www.emesp.org.br
Telefone: (11) 5041-3650
Endereço: Avenida Padre Antônio José dos Santos, 1019 – Brooklin
Funcionamento: programação disponível no site
Entrada Catraca Livre

SACOLÃO DAS ARTES

O espaço é uma conquista da população do Parque Santo Antônio, sendo hoje coordenado por um coletivo gestor formado por grupos culturais e moradores da região. Oferece diversas atrações culturais, entre elas peças de teatro, exposições e apresentações de grupos musicais.

Site: sacolaodasartes.blogspot.com
Telefone: (11) 5819-2564
Endereço: Avenida Cândido José Xavier, 577 – Parque Santo Antônio (próximo ao terminal de ônibus Capelinha)
Funcionamento: programação disponível no site
Entrada Catraca Livre

$ SESC IPIRANGA

Música erudita, MPB, moda de viola, rock, pop, reggae e outros sons são temas de pequenos shows que acontecem no espaço. As apresentações ocorrem geralmente no teatro,

música | zona sul

que conta com 213 lugares.
Programação disponível no site.

Site: www.sescsp.org.br
Telefone: (11) 3340-2000
Endereço: Rua Bom Pastor,
822 – Ipiranga
Funcionamento: de terça
a sexta, das 10h às 21h /
sábados e domingos, das 9h às 17h
Entrada Catraca Livre e
preços populares

SESC SANTO AMARO
É a mais recente unidade
da rede Sesc, inaugurada
em novembro de 2011. São
14 mil metros quadrados
de área construída, com
teatro, quadra poliesportiva,
piscina semiolímpica, clínica
odontológica e biblioteca. Assim
como nas outras unidades, o
público pode apreciar shows,
espetáculos, exposições, oficinas,
entre outros programas.

Site: www.sescsp.org.br
Telefone: (11) 5541-4000
Endereço: Rua Amador Bueno,
505 – Santo Amaro
Estação Largo 13
Funcionamento: programação
disponível no site
Entrada Catraca Livre e
preços populares

SESC VILA MARIANA
Artistas renomados e novos
nomes da música brasileira
costumam se apresentar no local,
que possui área para atividades
musicais, com estúdio de gravação.
Programação disponível no site.

Site: www.sescsp.org.br
Telefone: (11) 5080-3000
Endereço: Rua Pelotas,
141 – Vila Mariana
Estação Ana Rosa
Funcionamento: de terça
a sexta, das 7h às 21h30 /
sábados e domingos,
das 9h às 18h30
Entrada Catraca Livre
e preços populares

Eventos

LIGA DO VINIL
O encontro, que acontece
mensalmente, conta com DJs
convidados e residentes que
realizam um baile nostálgico
na periferia do Capão Redondo.
Teve início em 2006, com o
intuito de preservar o vinil,
tocando principalmente
samba-rock e partido alto.

Site: www.ligadovinilzonasul.
blogspot.com
Telefones: (11) 9168-4390 /
(11) 8549-7919 (Robson)
Endereço: Rua Emílio Briedes,
2 – Capão Redondo
Funcionamento: segundo domingo
do mês, das 16h às 22h30
Entrada Catraca Livre

PAGODE DA 27
É um encontro para quem
aprecia samba de raiz e quer
ouvir novos músicos do gênero.

Site: www.pagodeda27.org.br
Telefones: (11) 7639-1602 /
(11) 9109-2772 / (11) 8360-8827
Endereço: Rua Manoel Guilherme
dos Reis, s/n.º – Grajaú
Funcionamento: domingos,
das 17h30 às 21h30
Entrada Catraca Livre
(contribuição voluntária de 1 kg
de alimento não perecível)

PROJETO VITROLA'S BAR
Busca o resgate da música
por meio do vinil, no gênero
Black Music. Sua ação reforça a
importância do vinil entre os DJs
e adeptos do som em geral.

Site: www.projetovitrolasbar.com.br
Telefones: (11) 9512-5323 (Orlando) /
(11) 7602-6405
Endereço: Avenida Salim Antônio
Curiati, 160 – Samba da Coca –
Jardim Campo Grande (próximo à
estação de trem Jurubatuba)
Funcionamento: último domingo
do mês, das 14h às 21h30
Entrada Catraca Livre

SAMBA DA LAJE
Teve início em 1997 com a
festa de um dos moradores do
bairro de Vila Santa Catarina.
A ideia deu tão certo que o
evento passou a ser mensal e
ocupa a tarde inteira. Hoje, é
tido como um evento em que se
pode ouvir o verdadeiro samba
de raiz feito pelos músicos da
comunidade. Apesar do nome,
o encontro não acontece numa
laje, e sim na rua, para acolher
todos que queiram participar.

Telefone: (11) 5566-0345
(Dona Generosa)
Endereço: Rua Jandi, 79 (travessa
da Rua Jorge Duprat Figueiredo) –
Vila Santa Catarina
Funcionamento: último domingo
do mês, das 14h às 21h
Entrada Catraca Livre
(contribuição voluntária de 1 kg
de alimento não perecível)

música | zona sul

SAMBA DA VELA
O grupo de sambistas e compositores acende uma vela no meio da roda e só para de tocar quando ela se apaga. A celebração, criada no ano 2000 para enaltecer compositores da velha guarda e revelar velhos autores, acontece em diversos pontos da cidade de São Paulo. Mas é na Casa de Cultura de Santo Amaro que a festa ocorre rigorosamente uma vez por semana, sempre às segundas-feiras, a partir das 20h30.

Site: www.comunidade sambadavela.com
Telefone: (11) 5522-8897
Endereço: Rua Francisco Ferreira Lopes, 434 – Santo Amaro
Funcionamento: programação disponível no site
Preços populares

SAMBA D'ELAS
Criado em 2008, o Samba D'Elas abre espaço para compositoras e instrumentistas do samba paulista.

Telefones: (11) 5641-1115 / (11) 7664-4517

Endereço: Avenida Professor Alceu Maynard Araújo, 147 – Cervejaria Compadrio – Santo Amaro
Funcionamento: último sábado do mês, das 16h às 21h
Entrada Catraca Livre (mulheres) e preços populares (homens)

SAMBA DO MONTE
O Projeto Comunidade Samba do Monte tem como objetivo propiciar e favorecer o crescimento dos participantes como cidadãos e membros da comunidade. Promove oficinas de arte, cultura, eventos de esporte, meio ambiente, saúde e outras questões socioculturais, unificando a vanguarda à velha guarda.

Site: www.sambado monte.blogspot.com
Telefone: (11) 8192-6297
Endereço: Rua Vitalina Grassman, 290 – Jardim Mirante
Funcionamento: programação disponível no site
Entrada Catraca Livre

Escolas de Samba

IMPERADOR DO IPIRANGA
Localizada na região da maior favela paulistana, a Heliópolis, a Imperador do Ipiranga tem esse nome em homenagem a d. Pedro I e ao bairro onde foi proclamada a Independência do Brasil.

Site: www.imperadordo ipiranga.com.br
Telefone: (11) 2219-1053
Endereço: Av. Carioca, 99 – Ipiranga
Funcionamento: domingos, a partir das 20h30
Entrada Catraca Livre

ESTRELA DO 3.º MILÊNIO
Fundada por um grupo de amigos, em 1998, no bairro do Grajaú, surgiu para que os moradores do extremo sul não tivessem de atravessar a cidade para apreciar um bom samba.

Site: www.estrela3milenio.com.br
Endereço: Rua Professor Oscar Barreto Filho, s/n.º – Parque América
Funcionamento: domingos, a partir das 19h
Entrada Catraca Livre

música | zona leste

Centros Culturais

CASA DE CULTURA RAUL SEIXAS
O espaço reúne artistas, artesãos, grupos de dança, teatro, música, folclore, capoeira e hip hop.

Telefone: (11) 2512-6411
Endereço: Rua Murmúrios da Tarde, 211 – Parque Raul Seixas – Itaquera
Funcionamento: de segunda a domingo, das 9h às 18h
Entrada Catraca Livre

CLUBE DA COMUNIDADE TIDE SETUBAL
Quinzenalmente, aos domingos à tarde, promove o Samba de Tenda. No encontro, famílias e amigos se reúnem para conferir a roda de samba formada por músicos e compositores, a maioria da região, que resgatam o samba popular e apresentam composições de membros da comunidade.

Site: www.fundacaotidesetubal.org.br
Telefone: (11) 2297-5969
Endereço: Rua Mário Dallari, 170 – São Miguel Paulista
Funcionamento: de segunda a sábado, das 8h às 17h
Entrada Catraca Livre

$ SESC ITAQUERA
Grandes nomes da música brasileira, como Maria Rita, Céu, Moraes Moreira, Zélia Duncan, entre outros, já passaram pela programação musical da unidade. Destaque para o Palco da Orquestra Mágica, com 600 metros quadrados, e para o Espaço Musical, especialmente criado para as crianças. Brinquedos gigantes em forma de instrumentos musicais fazem a alegria da garotada.

Site: www.sescsp.org.br
Telefone: (11) 2523-9200
Endereço: Avenida Fernando Espírito Santo Alves de Mattos, 1000 – Itaquera
Funcionamento: de quarta a domingo e feriados, das 9h às 17h
Entrada Catraca Livre e preços populares

Estúdios

ESTAÇÃO DA JUVENTUDE
Abriga um estúdio de som com estrutura de isolamento acústico de pisos e paredes e porta acústica maciça revestida de lã de rocha. Toda essa estrutura oferece um trabalho de qualidade para as bandas que desejam gravar suas músicas. No salão principal, elas podem ensaiar. Aos sábados e domingos, fica aberto para a organização de saraus e ensaios abertos ao público.

Telefone: (11) 2285-7739
Endereço: Rua Pedro Iovine, 161 – Cidade Tiradentes
Funcionamento: de segunda a sexta, das 8h às 12h e das 13h às 17h
Entrada Catraca Livre

COMUNIDADE MARIA CURSI
Realiza rodas de samba de terreiro e de raiz, com compositores da região.

Site: www.comunidadesambamariacursi.blogspot.com
Telefones: (11) 9570-0261 (Roberto) / (11) 9188-9186 (Reinan)
Endereço: Avenida Maria Cursi, 799 – São Mateus
Funcionamento: sábados, das 20h à 0h
Entrada Catraca Livre

música | zona leste

TERREIRO DE COMPOSITORES
O diferencial dessa roda de samba é que ela acontece especialmente para promover composições inéditas. O encontro também abre espaço para novos artistas que desejam apresentar seus trabalhos.

Site: www.terreiro-de-compositores.blogspot.com
Telefone: (11) 9866-7270 (Ricardo)
Endereço: Rua Carminha, 264 – Quadra da Unidos de São Lucas – Parque São Lucas
Funcionamento: quintas, das 20h às 23h
Entrada Catraca Livre

SAMBA NO ASFALTO
Compositores locais se encontram quinzenalmente para tocar e celebrar o samba de raiz. Eventualmente, o encontro recebe artistas de outros estilos musicais.

Site: www.projetosambaderaiz.com.br
Telefones: (11) 8140-0450 (Diego) / (11) 9154-2808 (Lucimauro)
Endereço: Rua Francisco Antonio Miranda, 476 – Ermelino Matarazzo
Funcionamento: 2.º e 4.º domingos do mês, das 15h às 19h
Entrada Catraca Livre

Escolas de Samba

ACADÊMICOS DO TATUAPÉ
Fundada em 1952, a escola nasceu de um grupo de amigos da antiga escola de samba Unidos de Vila Santa Isabel.

Site: www.academicosdotatuape.com.br
Telefone: (11) 2091-0736
Endereço: Rua Melo Peixoto, 1513 – Tatuapé
Funcionamento: programação disponível no site
Entrada Catraca Livre

LEANDRO DE ITAQUERA
A escola nasceu em 1982 por causa de uma menina, Karin, que pediu ao pai, Leandro Alves Martins (fundador e atual presidente), uma escola de samba de presente. Uma reunião com alguns amigos sambistas foi suficiente para estimular a fundação da escola.

Site: www.leandrodeitaquera.com.br
Telefones: (11) 9251-7176 / (11) 2521-4794 / (11) 2057-5456
Endereço: Rua Ademir Roldan Pereira, s/n.º – Itaquera
Funcionamento: sábados, a partir das 18h
Entrada Catraca Livre

$ NENÊ DE VILA MATILDE
Foi fundada em 1949 por Seu Nenê, que seria presidente por 47 anos. A escola possui 11 títulos do Carnaval de São Paulo, entre eles dois tricampeonatos. Até o ano 2000, foi a que mais obteve títulos, o que a tornou conhecida como "A Campeã do Século".

Site: www.nenedevilamatilde.com.br
Telefone: (11) 2013-9757
Endereço: Rua Julio Rinaldi, 1 – Vila Salete – Penha
Funcionamento: quartas e domingos, a partir das 20h
Preços populares

UIRAPURU DA MOOCA
Fundada em 1976, desfilou nos carnavais de São Paulo até 1980, quando fechou as portas. Em 2001, com o apoio da comunidade, retomou as atividades de escola de samba e a participação no carnaval paulistano. Também é conhecida como uma escola de samba de italianos, por estar localizada em um dos bairros com grande concentração de descendentes de imigrantes vindos da Itália.

Site: www.uirapurudamooca.com
Telefone: (11) 2021-6140
Endereço: Rua Jaboticabal, 753 – Mooca
Funcionamento: programação disponível no site
Entrada Catraca Livre

UNIDOS DE SÃO LUCAS
Começou em 1970, como um bloco formado por um grupo de jovens torcedores do São Cristóvão Bandeirante Futebol Clube. Em 1980, os líderes do bloco decidiram fundar uma escola de samba, a São Lucas, que passou a disputar o Carnaval oficial.

Site: www.unidosdesaolucas.com.br
Telefone: (11) 2337-7353
Endereço: Rua Carminha, 264 – Parque São Lucas
Funcionamento: quartas, das 20h às 22h / sábados, das 19h às 22h
Entrada Catraca Livre

música | zona oeste

Centros Culturais

CENTRO DE CULTURA JUDAICA
Oferece atrações musicais tradicionais e modernas e recebe os visitantes em um teatro com capacidade para 280 pessoas. Difunde o patrimônio cultural judaico e suas raízes, a cultura de paz, a coexistência e o respeito entre os povos por meio de atividades que promovam interatividade, reflexão e aceitação entre as diferentes culturas.

Site: www.culturajudaica.org.br
Telefone: (11) 3065-4333
Endereço: Rua Oscar Freire, 2500 – Sumaré
⬥ Estação Sumaré
Funcionamento: de terça a sábado, das 12h às 21h / domingos e feriados, das 11h às 19h
Entrada Catraca Livre

CASA JAYA
Todas as sextas-feiras, a partir das 18h, o espaço oferece um *happy hour* com música ao vivo, exposições artísticas e poesia. Quem quiser, pode saborear pizzas vegetarianas acompanhadas por drinques exóticos sem álcool.

Site: www.casajaya.com.br
Telefone: (11) 2935-6987
Endereço: Rua Capote Valente, 305 – Pinheiros
⬥ Estação Clínicas

Funcionamento: programação disponível no site
Entrada Catraca Livre

CENTRO CULTURAL RIO VERDE
A cada dois meses, o espaço recebe um evento musical promovido pelo Catraca Livre. A proposta é oferecer aos participantes um encontro real dentro daquilo que o Catraca divulga virtualmente. Além de uma banda ao vivo, artistas de diferentes segmentos são sempre bem-vindos para expor seus trabalhos.

Site: www.centrocultural rioverde.com.br
Telefone: (11) 3459-5321
Endereço: Rua Belmiro Braga, 119 – Pinheiros
Funcionamento: programação disponível no site
Entrada Catraca Livre

ESPAÇO CULTURAL TENDAL DA LAPA
Oferece uma programação permanente voltada para música. Às quartas-feiras, às 20h30, acontecem os ensaios abertos da banda New Orleans Jass Band. Toda primeira sexta-feira do mês, às 20h, tem uma roda de choro com o grupo Bola Preta. Destaque para o projeto Interferência Sonora, que traz bandas de vários gêneros, sempre no terceiro domingo do mês, das 14h às 18h.

Site: www.tendaldalapa.blogspot.com
Telefone: (11) 3862-1837
Endereço: Rua Guaicurus, 1100 – Lapa
Funcionamento: programação disponível no site
Entrada Catraca Livre

música | zona oeste

FNAC
As unidades Paulista e Pinheiros possuem um centro cultural ativo, com uma programação repleta de eventos, que inclui contação de histórias, *pocket shows*, noites de autógrafos e debates com escritores e artistas convidados. Também promovem novos talentos da literatura, música e demais tipos de arte.

Site: www.fnac.com.br

FNAC PAULISTA
Telefone: (11) 2123-2000
Endereço: Avenida Paulista, 901 – Bela Vista
Estação Trianon-Masp
Funcionamento: de segunda a sábado, das 10h às 22h / domingos, das 11h às 20h
Entrada Catraca Livre e preços populares

FNAC PINHEIROS
Telefone: (11) 3579-2000
Endereço: Praça dos Omaguás, 34 – Pinheiros
Funcionamento: de segunda a sábado, das 10h às 22h / domingos, das 10h às 21h
Entrada Catraca Livre e preços populares

MEMORIAL DA AMÉRICA LATINA
Oferece grandes shows no espaço aberto da área externa. Seu anfiteatro também recebe inúmeras apresentações musicais. O espaço é famoso por abrigar a escultura *Mão*, de Oscar Niemeyer.

Site: www.memorial.sp.gov.br
Telefone: (11) 3823-4600

Endereço: Avenida Auro Soares de Moura Andrade, 664 – Barra Funda
Funcionamento: de terça a domingo, das 9h às 18h
Entrada Catraca Livre

$ SESC PINHEIROS
Construído em 2004, possui um teatro com 1.010 lugares e um auditório com 89 lugares. Neles, acontecem shows e inúmeras apresentações musicais. As atrações vão de grupos e artistas de música popular a orquestras de jazz e música erudita. Programação disponível no site.

Site: www.sescsp.org.br
Telefone: (11) 3095-9400
Endereço: Rua Paes Leme, 195 – Pinheiros
Estação Faria Lima
Funcionamento: de terça a sexta, das 10h às 21h30 / sábados, domingos e feriados, das 10h às 18h30
Entrada Catraca Livre e preços populares

$ SESI VILA LEOPOLDINA
Oferece shows ligados à cultura contemporânea, direcionados especialmente ao público jovem, num teatro com capacidade para 80 pessoas. Programação disponível no site.

Site: www.sesisp.org.br/cultura
Telefone: (11) 3833-1066
Endereço: Rua Carlos Weber, 835 – Vila Leopoldina
Funcionamento: de segunda a sexta, das 8h às 18h / sábados, das 8h às 16h
Entrada Catraca Livre e preços populares

$ SESC POMPEIA
Tem dois espaços para receber shows. O primeiro deles é a Choperia, onde a maioria das pessoas permanece em pé enquanto as atrações, geralmente mais dançantes, animam a noite. O público ainda pode servir-se de quitutes e bebidas do bar. O outro espaço é o Teatro, que também recebe grandes artistas da música nacional e internacional. Destaque para o projeto Prata da Casa, que revela novos nomes. Programação disponível no site.

Site: www.sescsp.org.br
Telefone: (11) 3871-7700
Endereço: Rua Clélia, 93 – Pompeia
Funcionamento: de terça a sábado, das 9h às 22h / domingos e feriados, das 9h às 20h
Entrada Catraca Livre e preços populares

música | zona **oeste**

Auditórios

TEATRO DA VILA

De segunda a quinta, a programação do espaço é especialmente voltada para a música, dentro do esquema "pague quanto vale". Às segundas, o projeto Movimento Elefantes traz um coletivo de 10 *big bands* que se revezam a cada semana. Às terças, é a vez do Comboio de Cordas, um coletivo formado por 12 músicos violonistas que também se revezam nas apresentações. Às quartas, o Cafezal Paulista apresenta uma roda de samba com integrantes do grupo Kolombolo Diá Piratininga. Às quintas, acontece sempre uma apresentação diferente de MPB produzida pelo Coletivo Navegantes. Já na terceira quinta do mês, o projeto Quanto Vale uma Canção reúne vários músicos que apresentam trabalhos autorais.

Site: www.teatrodavila.org.br
Telefone: (11) 7838-0182 (Danilo)
Endereço: Rua Jericó,
256 – Vila Madalena
◆ Estação Vila Madalena
Funcionamento: de segunda a sábado, a partir das 21h
Preços populares

Eventos

PRAÇA DO SAMBA

Todo último domingo do mês, na Praça Aprendiz das Letras, o pessoal do grupo Kolombolo Diá Piratininga reúne os amigos e faz um samba de raiz paulistano. Em meio ao encontro musical, as Tias Baianas oferecem uma bela feijoada para quem quiser. O almoço é pago à parte, mas a roda de samba é grátis.

Site: www.kolombolo.org.br
Telefone: (11) 3816-2472
Endereço: Rua Belmiro Braga,
119 – Vila Madalena
Funcionamento: todo último domingo do mês, a partir das 14h
Entrada Catraca Livre

PRAÇA VICTOR CIVITA

Recebe concertos, apresentações de grupos de música popular locais acompanhados por grandes solistas, além de shows de cantores conhecidos.

Site: www.pracavictorcivita.abril.com.br
Telefone: (11) 3031-3689
Endereço: Rua Sumidouro,
580 – Pinheiros
Funcionamento: programação disponível no site
Entrada Catraca Livre

SAMBA DA HORA

Nasceu em 2005, com o nome de Mesa Redonda, em Campo Belo, na Zona Sul de São Paulo. Logo, em função do sucesso do encontro, o espaço onde o grupo tocava ficou pequeno. Então, passou a se chamar Samba da Hora e a acontecer em outros espaços. Atualmente, está na Zona Oeste, no Morumbi, e ocorre todas as semanas.

Telefone: (11) 9852-4400
Endereço: Rua Jorge Bruder,
185 – Morumbi
Funcionamento: sextas,
das 18h30 às 23h
Entrada Catraca Livre

SAMBA DE PRIMEIRA

Reúne o pessoal de Pirituba desde 2007. Antes do início da roda de samba, que começa por volta das 14h, as crianças têm diversão garantida, com atividades especialmente voltadas para elas.

Telefone: (11) 8713-2628 (Feijão)
Endereço: Rua Centenário do Sul,
s/n.º – Vila Zatt – Pirituba
Funcionamento: todo terceiro domingo do mês, das 10h às 22h
Entrada Catraca Livre
(contribuição voluntária de 1 kg de alimento não perecível)

música | zona **oeste**

SERESTA DE SEXTA
Organizado e promovido pelo grupo Trovadores Urbanos, o encontro acontece sempre às sextas-feiras. As apresentações, com voz e violão, geralmente feitas por uma dupla de trovadores, começam na charmosa varanda da casa, que também é o escritório do grupo. Conforme as pessoas vão chegando e se juntando na calçada, com o clima romântico dominando o lugar, os músicos descem para ficar mais próximos do público e terminam a apresentação com canções que podem ser escolhidas por qualquer dos presentes.

Site: www.trovadoresurbanos.com.br
Telefone: (11) 2595-0100
Endereço: Rua Aimberê, 651 – Perdizes
Funcionamento: sextas, das 20h às 21h30
Entrada Catraca Livre

Escolas de Samba

ÁGUIA DE OURO
Foi fundada em 1976, por um grupo de amigos que se reunia numa roda de samba. A estreia na avenida aconteceu um ano depois.

Site: www.aguiadeouro.com.br
Telefone: (11) 3872-8262
Endereço: Avenida Presidente Castelo Branco, 7683 – Marginal Tietê
Funcionamento: domingos, a partir das 20h
Entrada Catraca Livre

$ CAMISA VERDE E BRANCO
A história da escola remonta a 1914, quando foi criado o Grupo Carnavalesco Barra Funda, formado por homens que saíam pelas ruas do bairro da Barra Funda vestidos de camisas verdes e calças brancas. O grupo deixou de desfilar em meados dos anos 1930, e apenas nos anos 1950 voltou para a avenida.

Site: www.camisaverde.net
Telefone: (11) 3392-4982
Endereço: Rua James Holland, 663 – Barra Funda
Funcionamento: quartas, a partir das 21h / sábados, a partir das 22h
Preços populares

$ DRAGÕES DA REAL
Foi fundada em 1984 a partir da fusão de duas torcidas do São Paulo Futebol Clube: a Dragões da Real Torcida Jovem e a Força Jovem Mais Querido.

Site: www.dragoesdareal.com.br
Telefone: (11) 3831-4002
Endereço: Avenida Embaixador Macedo Soares, 1018 – Vila Anastácio
Funcionamento: sábados, a partir das 21h
Preços populares

$ MANCHA VERDE
Nasceu em 1995, criada pela torcida organizada do time de futebol Palmeiras, que tem o mesmo nome da escola. Segundo os torcedores, a paixão pelo futebol ficou completa depois que se uniu ao amor pelo samba.

Site: www.manchaverde.com.br
Telefone: (11) 3361-2146
Endereço: Avenida Abraão Ribeiro, 503 – Barra Funda
Funcionamento: sábados, a partir das 21h
Preços populares

$ PÉROLA NEGRA
Sua estreia no Carnaval paulistano ocorreu em 1974, numa época em que a Vila Madalena, bairro onde está localizada, ainda não tinha nada do agito dos dias atuais. Hoje, em função dos bares, restaurantes e casas noturnas da região, é uma escola frequentada por muitos jovens, que redescobriram o samba.

Site: www.gresperolanegra.com.br
Telefone: (11) 3812-3816
Endereço: Rua Girassol, 51 – Vila Madalena
Funcionamento: domingos, a partir das 18h
Preços populares

$ TOM MAIOR
Fundada em 1973, a escola nunca teve uma sede própria, com quadra de samba, até o ano 2000. Desde o início, saía pelas ruas dos bairros de Sumaré, Pinheiros, Vila Madalena, Sumarezinho e Cerqueira César. Segundo seus integrantes, ela se destaca pela presença forte da juventude, que sempre está à frente dos projetos empreendidos pela escola.

música | zona **oeste**

Site: www.grestommaior.com.br
Telefones: (11) 3494-9040 / (11) 3031-4928
Endereço: Rua Sérgio Tomás, 622 – Barra Funda
Funcionamento: terças e sábados, às 21h
Catraca Livre (terças) e preços populares (sábados)

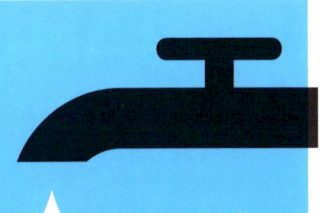

LAVA-RÁPIDO

LAVAR O CARRO NO LAVA-RÁPIDO PODE ECONOMIZAR ATÉ 1.000 LITROS DE ÁGUA.

EM CASA

SUBSTITUA A MANGUEIRA POR UM BALDE COM PANO PARA RETIRAR A SUJEIRA DO VEÍCULO.

LAVAR O CARRO COM A TORNEIRA ABERTA É UMA DAS PIORES E MAIS COMUNS MANEIRAS DE DESPERDIÇAR ÁGUA.

BANCOCYAN.COM.BR

TEATRO E DANÇA

teatro e dança | zona central

Centros Culturais

$ CENTRO CULTURAL SÃO PAULO – ESPAÇO CÊNICO ADEMAR GUERRA

Além de peças de teatro variadas, a maioria a preços populares ou meramente simbólicos, o centro oferece espetáculos de dança. Programação disponível no site.

Site: www.centrocultural.sp.gov.br
Telefones: (11) 3397-4002 / (11) 3397-4062
Endereço: Rua Vergueiro, 1000 – Paraíso
◆ Estação Vergueiro
Funcionamento: de terça a domingo, das 10h às 21h
Entrada Catraca Livre e preços populares

CAIXA CULTURAL SÉ

O espaço fomenta diversos tipos de manifestações culturais brasileiras. A programação diária inclui teatro, dança, espetáculos musicais, exposições de arte e cursos.

Site: www.caixacultural.com.br
Telefone: (11) 3321-4400
Endereço: Praça da Sé, 111 – Centro
◆ Estação Sé
Funcionamento: de terça a sábado, das 9h às 21h
Entrada Catraca Livre

FUNDAÇÃO NACIONAL DAS ARTES

A Funarte oferece continuamente espetáculos de teatro e dança, música, exposições e circo, além de cursos e oficinas.

Site: www.funarte.gov.br
Telefone: (11) 3662-5177
Endereço: Alameda Nothmann, 1058 – Campos Elísios
Funcionamento: programação disponível no site
Entrada Catraca Livre e preços populares

CENTRO CULTURAL FIESP RUTH CARDOSO

O Teatro do Sesi São Paulo é um dos mais importantes espaços de artes cênicas e um dos mais representativos produtores teatrais do país. Desde a década de 1960, tem produzido e exibido montagens inéditas para os públicos adulto e jovem, com alternativa de entrada gratuita. Programação disponível no site.

Site: www.sesisp.org.br/home/2006/centrocultural
Telefone: (11) 3146-7405
Endereço: Avenida Paulista, 1313 – Cerqueira César
◆ Estação Trianon-Masp
Funcionamento: segundas, das 11h às 20h / de terça a sábado, das 10h às 20h / domingo, das 10h às 19h
Entrada Catraca Livre

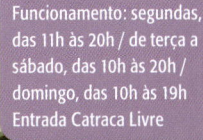

teatro e dança | zona **central**

$ GALERIA OLIDO – CENTRO DE DANÇA UMBERTO DA SILVA

O principal objetivo do espaço é promover e difundir a linguagem da dança. Assim, vai ao encontro da efervescente produção artística da cidade, com propostas que contribuem para o aperfeiçoamento e o fortalecimento de políticas públicas relativas à dança paulistana. Conta com uma sala de espetáculos – Sala Paissandu –, três salas de ensaio – Azul, Café e Vermelha – e a Sala de Pesquisa e Acervo de Dança. Programação disponível no site.

Site: www.prefeitura.sp.gov.br/cidade/secretarias/cultura/galeria_olido
Telefones: (11) 3331-8399 / (11) 3397-0171
Endereço: Avenida São João, 473 – República
◆ Estações República e São Bento
Funcionamento: de terça a domingo, das 10h às 21h
Entrada Catraca Livre e preços populares

INSTITUTO ITAÚ CULTURAL

O trabalho do Instituto Itaú Cultural é voltado para a pesquisa e a produção de conteúdo, além do mapeamento, da difusão e do incentivo às manifestações artístico-intelectuais. Dentro dessa proposta, são desenvolvidos diversos projetos relacionados ao teatro e à dança. Programação disponível no site.

Site: www.itaucultural.org.br
Telefone: (11) 2168-1700
Endereço: Avenida Paulista, 149 – Bela Vista
◆ Estação Brigadeiro
Funcionamento: de terça a sexta, das 9h às 20h / sábados, domingos e feriados, das 11h às 20h
Entrada Catraca Livre

$ THEATRO MUNICIPAL

Nasceu em meio ao desenvolvimento da indústria e do café no início do século 20. A intenção foi construir um espaço à altura das grandes companhias estrangeiras. Atualmente, importantes grupos de dança, como o Balé da Cidade de São Paulo e a Escola de Dança de São Paulo, fazem apresentações frequentes no espaço. O teatro também recebe musicais, companhias de dança internacionais e mostras de danças temáticas.

Site: www.prefeitura.sp.gov.br/cidade/secretarias/cultura/theatromunicipal
Telefone: (11) 3241-3815
Endereço: Baixos do Viaduto do Chá, s/n.º – Centro
◆ Estação Anhangabaú
Funcionamento: programação disponível no site
Entrada Catraca Livre e preços populares

$ SESC CONSOLAÇÃO

Além de artes plásticas, artemídia, cinema, literatura e música, a unidade exibe peças de teatro e números de dança, assim como cursos e oficinas nessas áreas. Programação disponível no site.

Site: www.sescsp.org.br
Telefone: (11) 3234-3000
Endereço: Rua Doutor Vila Nova, 245 – Vila Buarque
Funcionamento: de segunda a sexta, das 7h às 22h / sábados e feriados, das 9h às 18h
Entrada Catraca Livre e preços populares

Teatros

$ MASP – MUSEU DE ARTE DE SÃO PAULO

O Grande Auditório do Masp recebe todos os meses uma variada programação de artes cênicas. Destaque para o Projeto Letras em Cena, com leituras dramáticas que acontecem às segundas-feiras, além de espetáculos de dança e peças de teatro gratuitas.

Site: www.masp.art.br
Telefone: (11) 3251-5644
Endereço: Avenida Paulista, 1578 – Cerqueira César
◆ Estação Trianon-Masp
Funcionamento: de terça a domingo, das 11h às 18h / quintas, das 11h às 20h
Entrada Catraca Livre às segundas-feiras e preços populares nos demais dias

teatro e dança | zona central

💲 PRAÇA ROOSEVELT

A Praça Franklin Roosevelt data de 1970. São 30 mil metros quadrados, que abrigam a imponente Igreja de Nossa Senhora da Consolação, ladeados por alguns reconhecidos teatros de São Paulo – todos considerados parte do circuito alternativo de artes cênicas da cidade. O primeiro grupo a se instalar ali e a usar também a praça para suas apresentações foi Os Satyros, em 2000. Hoje, quase lado a lado, há um aglomerado de espaços teatrais. Os principais são:

ESPAÇO PARLAPATÕES
Site: www2.uol.com.br/parlapatoes
Telefone: (11) 3061-9799
Endereço: Praça Roosevelt, 158 – República
Funcionamento: consulte a programação no site
Preços populares

MINITEATRO
Site: www.miniteatro.com.br
Telefone: (11) 2865-5955
Endereço: Praça Franklin Roosevelt, 108 – República
Funcionamento: confira a programação no site
Entrada Catraca Livre e preços populares

SATYROS I
Site: www.satyros.uol.com.br
Telefone: (11) 3255-0994
Endereço: Praça Roosevelt, 214 – República
Funcionamento: confira a programação no site
Preços populares

SATYROS II
Telefone: (11) 3258-6345
Endereço: Praça Roosevelt, 134 – República
Funcionamento: confira a programação no site
Preços populares

💲 TEATRO DE ARENA EUGÊNIO KUSNET

Pertence à Funarte e, além do teatro em forma de arena (com palco central) com 99 lugares, possui um espaço exclusivo para exposições. Os espetáculos são sempre gratuitos ou a preços populares. O acesso é por ordem de chegada e a bilheteria abre uma hora antes do início da apresentação.

Site: www.funarte.gov.br
Telefones: (11) 3259-6409 / (11) 3256-9463
Endereço: Rua Doutor Teodoro Baima, 94 – Vila Buarque
Funcionamento: programação disponível no site
Entrada Catraca Livre e preços populares

teatro e dança | zona norte

Centros Culturais

CENTRO CULTURAL DA JUVENTUDE RUTH CARDOSO

Toda terça-feira, às 19h30, o espaço promove o projeto Vocacional Apresenta, com espetáculos e processos de criação. Após cada apresentação, há um bate-papo entre artistas e público. Além disso, todo último sábado de cada mês, às 20h, o espaço recebe companhias de circo contemporâneas. A distribuição de ingressos se inicia uma hora antes de cada evento. Na área da dança, há o programa Racha de B'Boys, com ensaios de dança de rua todos os finais de semana. Além disso, há dois grandes eventos anuais, o Racha no Arena, no mês de março, e uma batalha internacional de *b'boys*, realizada em maio. Para assistir é só chegar.

Site: ccjuve.prefeitura.sp.gov.br
Telefone: (11) 3984-2466
Endereço: Avenida Deputado Emílio Carlos, 3641 – Vila Nova Cachoeirinha
Funcionamento: de terça a sábado, das 10h às 20h / domingos, das 10h às 18h
Entrada Catraca Livre

$ SESC SANTANA

Inaugurada em 2005, a unidade abriga um teatro com capacidade para mais de 300 pessoas. Programação disponível no site.

Site: www.sescsp.org.br
Telefone: (11) 2971-8700
Endereço: Avenida Luiz Dumont Villares, 579 – Santana
Funcionamento: de terça a sexta, das 10h às 22h / sábados, das 10h às 21h / domingos, das 10h às 19h
Entrada Catraca Livre e preços populares

Teatros

TEATRO ALFREDO MESQUITA

Foi projetado para apresentações de espetáculos de dança, teatro infantil e adulto. Até a data de impressão deste guia, o espaço estava fechado para reforma, sem previsão de abertura.

Site: www.prefeitura.sp.gov.br/cidade/secretarias/cultura/dec/teatros/alfredo_mesquita
Telefone: (11) 2221-3657
Endereço: Avenida Santos Dumont, 1770 – Santana
Funcionamento: programação disponível no site

teatro e dança | zona sul

Centros Culturais

CASA DO ZEZINHO
A Casa do Zezinho é uma entidade não governamental localizada entre os bairros Capão Redondo, Parque Santo Antônio e Jardim Ângela. Sua atuação se dá em toda a rede de relações dos "Zezinhos" (crianças e jovens entre 6 e 21 anos), envolvendo a escola, a família, a saúde, as leis e a cidadania. Por meio de um processo de construção do conhecimento, a instituição estimula a criação e a reflexão crítica dos participantes dos programas, tendo como meta o desenvolvimento humano. Entre as atividades está o teatro, com peças e contação de histórias para os moradores da região.

Site: www.casadozezinho.org.br
Telefone: (11) 5512-0878
Endereço: Rua Anália Dolácio Albino, 30 – Parque Maria Helena
Funcionamento: programação disponível no site
Entrada Catraca Livre

ESPAÇO CLARIÔ
O grupo é um coletivo formado para expressar arte em vários segmentos. Fundado em 2002, após três anos conquistou um espaço próprio para exibições e manifestações. Hoje, já é uma referência e coloca Taboão da Serra no mapa de polos culturais.

SACOLÃO DAS ARTES
O espaço é uma conquista da população do Parque Santo Antônio, sendo coordenado por um coletivo formado por grupos culturais e moradores da região. Oferece diversas atrações, entre elas peças de teatro, apresentações de grupos musicais e exposições.

Site: sacolaodasartes.blogspot.com
Telefone: (11) 5819-2564
Endereço: Avenida Cândido José Xavier, 577 – Parque Santo Antônio (próximo ao terminal de ônibus Capelinha)
Funcionamento: programação disponível no site
Entrada Catraca Livre

ASSESSORIA DE IMPRENSA

Site: www.espacoclario.blogspot.com
Telefones: (11) 9995-5416 / (11) 9748-8486
Endereço: Rua Santa Luzia, 96 – Sé

$ SESC IPIRANGA
A programação teatral da unidade oferece espetáculos para todos os tipos de público num teatro com capacidade para 213 pessoas. Programação disponível no site.

Site: www.sescsp.org.br
Telefone: (11) 3340-2000
Endereço: Rua Bom Pastor, 822 – Ipiranga
Funcionamento: de terça a sexta, das 10h às 21h / sábados e domingos, das 9h às 17h
Entrada Catraca Livre e preços populares

◆ Estação Liberdade
Funcionamento: toda última quinta-feira do mês, às 20h
Entrada Catraca Livre

teatro e dança | zona sul

$ SESC SANTO AMARO
É a mais recente unidade da rede Sesc, inaugurada em novembro de 2011. Assim como nas outras unidades, o público tem acesso a apresentações musicais, espetáculos, exposições, oficinas, entre outras atividades. Programação disponível no site.

Site: www.sescsp.org.br
Telefone: (11) 5541-4000
Endereço: Rua Amador Bueno, 505 – Santo Amaro
⊕ Estação Largo 13
Funcionamento: programação disponível no site
Entrada Catraca Livre e preços populares

$ SESC VILA MARIANA
A unidade abriga um teatro com 608 lugares e quatro salas de múltiplo uso. Todos esses espaços servem a espetáculos de artes cênicas. Programação disponível no site.

Site: www.sescsp.org.br
Telefone: (11) 5080-3000
Endereço: Rua Pelotas, 141 – Vila Mariana
⊕ Estação Ana Rosa
Funcionamento: de terça a sexta, das 7h às 21h30 / sábados e domingos, das 9h às 18h30
Entrada Catraca Livre e preços populares

SESI VILA DAS MERCÊS
Sempre com atrações gratuitas, o local abre as portas para a comunidade, que ali comparece para assistir a peças de teatro infantil, apresentações com fantoches, além de cenas livres, com muito improviso.

Site: www.sesisp.org.br/cultura
Telefone: (11) 2946-8172
Endereço: Rua Júlio Felipe Guedes, 138 – Vila das Mercês
Funcionamento: programação disponível no site
Entrada Catraca Livre

Teatros

$ TEATRO CLEYDE YÁCONIS
Direcionado à população da região do Jabaquara, o espaço oferece peças de teatro a preços populares ou, muitas vezes, tendo como ingresso alimentos não perecíveis.

Telefones: (11) 5070-7018 / (11) 5070-7014
Endereço: Avenida do Café, 277 – Jabaquara
⊕ Estação Conceição
Funcionamento: programação disponível no site
Preços populares

TEATRO PAULO EIRÓ
Inaugurado em 1957, pode receber um público de até 600 pessoas. Seu nome é uma homenagem ao conhecido poeta. Até a data de impressão deste guia, o espaço estava fechado para reforma, sem previsão de abertura.

Site: www.prefeitura.sp.gov.br/cidade/secretarias/cultura/dec/teatros/paulo_eiro
Telefones: (11) 5686-8440 / (11) 5546-0449
Endereço: Avenida Adolfo Pinheiro, n.º 765 – Alto da Boa Vista – Santo Amaro
Funcionamento: programação disponível no site

$ TEATRO JOÃO CAETANO
Inaugurado em 1952, acomoda um público de até 436 pessoas. No saguão principal, está instalado um painel do artista plástico Clóvis Graciano, que em sua carreira contribuiu com a construção de cenários e figurinos para espetáculos de teatro e dança.

Site: www.prefeitura.sp.gov.br/cidade/secretarias/cultura/dec/teatros/joao_caetano
Telefones: (11) 5573-3774 / (11) 5549-1744
Rua Borges Lagoa, 650 – Vila Clementino
Funcionamento: programação disponível no site
Entrada Catraca Livre e preços populares

teatro e dança | zona **leste**

Centros Culturais

POMBAS URBANAS

Com mais de 20 anos de atuação, o grupo ligado ao instituto de mesmo nome busca reconhecer e expressar sua cidade e seu tempo. Dentro dessa proposta, os atores pesquisam a cidade de São Paulo de distintas maneiras, criando e montando um repertório de 12 espetáculos com diferentes linguagens: teatro de rua, de palco, direcionado ao público infantil, jovem e adulto. Em 2004, conseguiu a cessão de um galpão na Cidade Tiradentes. Desde então, promove no local um intenso processo teatral caracterizado pelo vínculo entre artistas e comunidade.

Site: www.pombasurbanas.org.br
Telefone: (11) 2285-5962
Endereço: Avenida dos Metalúrgicos, 2100 – Cidade Tiradentes
Funcionamento: programação disponível no site
Entrada Catraca Livre

Teatros

TEATRO FLÁVIO IMPÉRIO

Até a data de impressão deste guia, o espaço estava fechado para reforma com abertura prometida para o primeiro semestre de 2012. O teatro, inaugurado em 1952, terá após a reforma 211 poltronas, ar-condicionado e um palco com características modernas.

Site: www.prefeitura.sp.gov.br/cidade/secretarias/cultura/dec/teatros/flavio_imperio
Telefone: (11) 2621-2719
Endereço: Rua Alves Pedroso, 600 – Cangaíba
Funcionamento: programação disponível no site

$ TEATRO MARTINS PENNA

Idealizado pelos moradores da Penha, que reuniram 50 mil assinaturas reivindicando a criação de um espaço cultural, foi inaugurado em 1970. Até a data de impressão deste guia, estava fechado para reforma, sem previsão de abertura.

Site: www.prefeitura.sp.gov.br/cidade/secretarias/cultura/dec/teatros/martins_penna
Telefone: (11) 2293-6630
Endereço: Largo do Rosário, 20 – Penha
Funcionamento: programação disponível no site

teatro e dança | zona oeste

Centros Culturais

ESPAÇO CULTURAL TENDAL DA LAPA

Oferece apresentações teatrais e de dança. Está localizado num edifício histórico, um antigo matadouro.

Site: www.tendaldalapa.blogspot.com
Telefone: (11) 3862-1837
Endereço: Rua Guaicurus, 1100 – Lapa
Funcionamento: programação disponível no site
Entrada Catraca Livre

💲 SESC PINHEIROS

Construído em 2004, possui um teatro com 1.010 lugares e um auditório com 89 lugares, que recebem apresentações de dança e peças de teatro. Programação disponível no site.

Site: www.sescsp.org.br
Telefone: (11) 3095-9400
Endereço: Rua Paes Leme, 195 – Pinheiros
⊕ Estação Faria Lima
Funcionamento: de terça a sexta, das 10h às 21h30 / sábados, domingos e feriados, das 10h às 18h30
Entrada Catraca Livre
e preços populares

💲 SESC POMPEIA

O teatro da unidade tem 760 lugares, com duas plateias laterais, além do mezanino. Programação disponível no site.

Site: www.sescsp.org.br
Telefone: (11) 3871-7700
Endereço: Rua Clélia, 93 – Pompeia

💲 SESI VILA LEOPOLDINA

Tem como finalidade promover peças de teatro que possibilitem a divulgação de novos artistas e novas linguagens artísticas. Também recebe espetáculos profissionais. Programação disponível no site.

Site: www.sesisp.org.br/cultura
Telefone: (11) 3833-1066
Endereço: Rua Carlos Weber, 835 – Vila Leopoldina
Funcionamento: de segunda a sexta, das 8h às 18h / sábados, das 8h às 16h
Entrada Catraca Livre
e preços populares

Funcionamento: de terça a sábado, das 9h às 22h / domingos e feriados, das 9h às 20h
Entrada Catraca Livre
e preços populares

TORNEIRA FECHADA

UMA TORNEIRA MAL FECHADA PODE DESPERDIÇAR 46 LITROS DE ÁGUA EM 1 DIA.

BANCOCYAN.COM.BR

teatro e dança | zona **oeste**

Teatros

$ TEATRO CACILDA BECKER

Inaugurado em 1988, foi projetado para suprir uma demanda de teatros na Zona Oeste da cidade, sendo o único teatro da Prefeitura na região. Foi reformado e reinaugurado em 2009 e atualmente recebe espetáculos como os do Balé da Cidade de São Paulo e de outras companhias de dança, além de peças de teatro.

Site: www.prefeitura.sp.gov.br/cidade/secretarias/cultura/dec/teatros/cacilda_becker
Telefone: (11) 3864-4513
Endereço: Rua Tito, 295 – Lapa
Funcionamento: consulte a programação no site
Entrada Catraca Livre e preços populares

$ TEATRO DA VILA

Além da rica programação voltada para artes cênicas, música, dança e outras manifestações artísticas, o local serve de espaço experimental para novos artistas e grupos locais do bairro da Vila Madalena. Inaugurado em 2007, funciona no auditório da Escola Estadual Carlos Maximiliano. Programação disponível no site.

Site: www.teatrodavila.org.br
Telefone: (11) 7838-0182 (Danilo)
Endereço: Rua Jericó, 256 – Vila Madalena
◆ Estação Vila Madalena
Funcionamento: de segunda a sábado, às 21h
Preços populares (pague o quanto vale).

TEATRO LABORATÓRIO DA ESCOLA DE ARTE DRAMÁTICA DA ESCOLA DE COMUNICAÇÕES E ARTES (EAD/ECA)

Possui dois espaços teatrais: a Sala Alfredo Mesquita, com 125 lugares, e a Sala Miroel Silveira, com 180 lugares. Durante a temporada de espetáculos, os ingressos são distribuídos gratuitamente, com uma hora de antecedência. As apresentações ocorrem de quarta a domingo, no final do semestre, e aos sábados e domingos, durante o decorrer do semestre, sempre às 20h30.

Site: www.eca.usp.br/ead
Telefones: (11) 3091-4389 / (11) 3091-4375
Endereço: Avenida Professor Luciano Gualberto, Travessa 3, 380 – Cidade Universitária
Funcionamento: programação disponível no site
Entrada Catraca Livre

$ TUCA – TEATRO DA UNIVERSIDADE CATÓLICA DE SÃO PAULO

Sedia eventos culturais em dois espaços: Tuca e Tucarena. Além das apresentações teatrais com grandes profissionais, são promovidos encontros de dança e montagens de espetáculos produzidos pelos alunos da faculdade, com entrada gratuita. Contém um acervo de fotografias e registros históricos do local, que pode ser consultado com agendamento prévio.

Site: www.teatrotuca.com.br
Telefones: (11) 3670-8455 / (11) 3670-8460
Endereço: Rua Monte Alegre, 1024 – Perdizes
Funcionamento: programação disponível no site
Entrada Catraca Livre e preços populares

ASSESSORIA DE IMPRENSA

PASSEIOS

passeios | zona central

Lugares Históricos

BECO DO PINTO
Também conhecido como Beco do Colégio, era uma passagem utilizada na São Paulo colonial para o trânsito de pessoas e animais. Em 1834, a marquesa de Santos, ao comprar o solar, que fica ao lado do beco, conseguiu o fechamento da passagem. Hoje, restaurado, o espaço mantém características da construção original, como escadas, grades e portões. Vestígios de calçamentos do século 18 encontrados no local ficam expostos em vitrines. Fechado por algum tempo para um novo restauro, o beco reabriu as portas no final de 2011.

Site: www.museudacidade.sp.gov.br/becodopinto.php
Telefone: (11) 3105-6118
Endereço: Rua Roberto Simonsen, 136 – Centro
✥ Estação Sé
Funcionamento: de terça a domingo, das 9h às 17h
Entrada Catraca Livre

BIBLIOTECA MÁRIO DE ANDRADE
A biblioteca está localizada num prédio de 1943. Em 2007, este foi fechado para uma ampla reforma, tendo sido reaberto no início de 2011. Com um acervo de aproximadamente 3,3 milhões de itens, entre livros, periódicos, mapas e multimeios, a BMA mantém grandes coleções especiais, que incluem um dos maiores acervos de livros de arte de São Paulo, uma biblioteca depositária da Organização das Nações Unidas (ONU) e uma riquíssima coleção de obras raras.

Site: www.prefeitura.gov.sp/mariodeandrade
Telefone: (11) 3256-5270
Endereço: Rua da Consolação, 94 – República
✥ Estação Anhangabaú
Funcionamento: de segunda a sexta, das 8h30 às 20h30 / sábados, das 10h às 17h

BOLSA DE VALORES DE SÃO PAULO – BOVESPA
É possível visitar e conhecer o funcionamento da Bovespa tanto na teoria quanto na prática. O passeio monitorado, individual ou em grupo, é rico em informações sobre o mercado de ações e proporciona uma visão geral sobre o assunto.

Site: www.bovespa.com.br
Telefone: (11) 2565-6826
Endereço: Rua 15 de Novembro, 275 – Centro
✥ Estação São Bento
Funcionamento: de segunda a sábado, das 10h às 17h
Entrada Catraca Livre

CASA DA IMAGEM
Em 2006, a Secretaria Municipal de Cultura deu início à estruturação da Casa da Imagem – antiga Casa N.º 1 –, iniciando o tratamento do acervo e a criação da reserva técnica. No site já está disponível parte dessas imagens históricas, além dos recentes registros produzidos durante a Expedição São Paulo 450 Anos – Uma Viagem por Dentro da Metrópole. Reaberto no final de 2011, o espaço recebe principalmente mostras de fotografias da cidade de São Paulo, que têm como tema sua história e seu desenvolvimento.

Site: www.museudacidade.sp.gov.br/casadaimagem.php
Telefone: (11) 3105-6118
Endereço: Rua Roberto Simonsen, 136 – Centro
✥ Estação Sé
Funcionamento: de terça a domingo, das 9h às 17h
Entrada Catraca Livre

CASA DAS ROSAS
É um dos últimos casarões que sobreviveram à verticalização da Avenida Paulista. Desde 1935, quando sua construção foi finalizada, até 1986, era uma residência. Em 1991, foi transformada em espaço cultural. Recebeu esse nome por possuir um dos maiores e mais belos jardins de rosas da cidade. Até hoje, o jardim é um ótimo lugar para relaxar ou ler um bom livro.

Site: www.poiesis.org.br/casadasrosas
Telefones: (11) 3285-6986 / (11) 3288-9447
Endereço: Avenida Paulista, 37 – Bela Vista
✥ Estação Brigadeiro
Funcionamento: de terça a sábado, das 10h às 22h / domingos, das 10h às 18h
Entrada Catraca Livre

passeios | zona central

CATEDRAL DA SÉ
Também conhecida como Catedral Metropolitana de São Paulo, é um dos cinco maiores templos neogóticos do mundo. Curiosamente, está situada no exato local por onde passa a linha imaginária do Trópico de Capricórnio.

Site: www.catedraldase.org.br
Telefone: (11) 3107-6832
Endereço: Praça da Sé – Sé
✚ Estação Sé
Funcionamento: de segunda a sexta, das 8h às 19h / sábados, das 8h às 17h / domingos, das 8h às 13h e das 14h às 18h
Entrada Catraca Livre

CENTRO CULTURAL BANCO DO BRASIL
Localizado no coração histórico da cidade, o prédio onde funciona o CCBB data de 1901. O subsolo, onde ficava a caixa-forte do banco, que ocupou o edifício em 1927, foi transformado em espaço para exposições. No corredor – projetado em forma de labirinto para que possíveis ladrões não conseguissem se localizar no cofre do banco –, uma das paredes originais foi mantida e pode ser vista pelo público.

Site: www.bb.com.br/cultura
Telefones: (11) 3113-3651 / (11) 3113-3652
Rua Álvares Penteado, 112 – Sé
✚ Estações Sé e São Bento
Funcionamento: de terça a domingo, das 9h às 20h
Entrada Catraca Livre

CENTRO CULTURAL FIESP RUTH CARDOSO
Sua arquitetura moderna reúne a galeria de arte, o teatro e o espaço mezanino, ambientes que oferecem uma intensa e diversificada programação cultural. Já o interior do prédio fica aberto para livre circulação dos frequentadores.

Site: www.sesisp.org.br/home/2006/centrocultural
Telefone: (11) 3146-7405
Endereço: Avenida Paulista, 1313 – Cerqueira César
✚ Estação Trianon-Masp
Funcionamento: segundas, das 11h às 20h / de terça a sábado, das 10h às 20h / domingos, das 10h às 19h
Entrada Catraca Livre

COMPLEXO CULTURAL JÚLIO PRESTES
Está localizado na Estação Júlio Prestes, construída entre 1926 e 1938, inspirada nas modernas estações americanas da época. Além da Sala São Paulo – a maior sala de concertos da América Latina e sede da Orquestra Sinfônica do Estado de São Paulo – e de nove outras salas de ensaio com paredes acústicas, o local abriga uma biblioteca de partituras e estúdios de gravação.

Telefone: (11) 3367-9500
Endereço: Praça Júlio Prestes, s/n.º – Luz
✚ Estação Luz
Funcionamento: de segunda a sexta, das 10h às 18h / sábados, das 10h às 16h
Entrada Catraca Livre

EDIFÍCIO COPAN
Projetado na década de 1950 por Oscar Niemeyer e localizado num dos pontos mais movimentados do centro, constitui um dos cartões postais da cidade de São Paulo. É bastante conhecido por sua geometria sinuosa, que lembra uma onda, e pelos números superlativos de suas estatísticas, com 115 metros de altura, 35 andares, 1.160 apartamentos, além de dois subsolos. São cerca de dois mil residentes. A área comercial no térreo possui mais de 70 lojas.

Site: www.copansp.com.br
Telefone: (11) 3259-5917
Endereço: Avenida Ipiranga, 200 – República
✚ Estação República
Entrada Catraca Livre

ELEVADO COSTA E SILVA (MINHOCÃO)
O viaduto, que liga a região da Praça Roosevelt, no centro da cidade, ao Largo Padre Péricles, na Barra Funda, fica fechado nos finais de semana, servindo como área de lazer. É ideal para pedalar, caminhar e fazer um programa saudável com os amigos e a família.

Endereço: Avenida Amaral Gurgel
✚ Estação Santa Cecília
Funcionamento: sábados e domingos, das 6h30 às 21h
Entrada Catraca Livre

ESTAÇÃO DA LUZ
Foi construída entre 1895 e 1900 e entregue à população em março de 1901. Ocupa 7.500 metros quadrados do Jardim da Luz. Em 1946, houve um gigantesco incêndio, que só deixou sobreviver

passeios | zona **central**

a ala leste e as plataformas. A reconstrução foi bancada pelo governo e se estendeu de 1947 a 1951. A estação recebeu, então, o terceiro andar nas partes que foram atingidas pelo fogo e mais pilastras de sustentação.

Site: www.estacaodaluz.org.br
Telefone: 0800-550121 (CPTM)
Endereço: Praça da Luz, 1 – Luz
⛎ Estação Luz
Funcionamento: de segunda a domingo, das 4h às 24h
Entrada Catraca Livre

GALERIA DO ROCK

É um grande centro comercial e polo cultural, localizado num edifício construído em 1963. Recebeu esse nome pelo elevado número de estabelecimentos voltados para o público amante do rock. Com sua arquitetura de formato ondulado, inspirada no Edifício Copan, atrai cerca de 20 mil pessoas por dia.

Site: www.galeriadorock.com.br
Endereço: Rua 24 de Maio, 72 (entrada também pela Avenida São João, 439) – República
⛎ Estação República
Funcionamento: de segunda a sexta, das 9h às 20h / sábados, das 9h às 17h
Entrada Catraca Livre

$ MASP – MUSEU DE ARTE DE SÃO PAULO

O edifício, com 11 mil metros quadrados divididos em cinco pavimentos e uma área livre de 72 metros quadrados, é um ícone da cidade. Em 1982, foi tombado pelo Conselho de Defesa do Patrimônio Histórico, Arqueológico, Artístico e Turístico do Estado (Condephaat).

Aos domingos, acontece na área livre a tradicional Feira do Masp, que recebe 5 mil visitantes em média e reúne amantes de arte, colecionadores, turistas, artistas e curiosos. A entrada na feira é franca.

Site: www.masp.art.br
Telefone: (11) 3251-5644
Endereço: Avenida Paulista, 1578 – Cerqueira César
⛎ Estação Trianon-Masp
Funcionamento: de terça a domingo, das 11h às 18h / quintas, das 11h às 20h
Entrada Catraca Livre às terças e preços populares nos demais dias

MERCADO MUNICIPAL

Foi construído entre 1926 e 1932, ao lado do rio Tamanduateí, o que facilitava a atracação dos barcos com os produtos vindos de chácaras, sítios e fazendas. Hoje, reúne comerciantes de frutas, verduras, legumes, iguarias, carnes, peixes, entre outras delícias. Em seu mezanino, estão localizados diversos restaurantes. São famosos os sanduíches de mortadela e os bolinhos de bacalhau ali servidos.

Site: www.mercadomunicipal.com.br
Telefone: (11) 3228-0673
Endereço: Rua da Cantareira, 306 – Sé
⛎ Estação São Bento
Funcionamento: de segunda a sábado, das 6h às 18h / domingos, das 6h às 16h
Entrada Catraca Livre

MOSTEIRO DE SÃO BENTO

Com mais de 400 anos de história, o mosteiro já passou por inúmeras fases de construção e reformas. A demolição do antigo primeiro edifício, muito decadente, no fim do século 19, deu início à construção do Gimnásio São Bento – hoje Colégio de São Bento – em 1903. Em 1910, iniciou-se a construção da nova igreja e do novo mosteiro. Na década de 1920, foram instalados os sinos e o relógio, tido como o mais preciso de São Paulo.

Site: www.mosteiro.org.br
Telefone: (11) 3328-9799
Endereço: Largo São Bento, s/n.º – Centro
⛎ Estação São Bento
Funcionamento: segundas, terças, quartas e sextas, das 6h às 18h / sábados e domingos, das 6h às 12h e das 16h às 18h
Entrada Catraca Livre

DRAGO

passeios | zona central

💲 PINACOTECA DO ESTADO

Inaugurada em 1905, a Pinacoteca é o museu de arte mais antigo da cidade e um dos mais importantes do país.
O espaço foi construído para sediar o Liceu de Artes e Ofícios, voltado à formação de profissionais especializados em construção. Na época, por falta de recursos, as paredes não foram revestidas, e assim se mantêm até hoje, o que torna a visita interessante, uma vez que o trabalho de alvenaria se encontra à mostra. A reforma concluída em 1998 valorizou as linhas neoclássicas do edifício.

Site: www.pinacoteca.org.br
Telefone: (11) 3324-1000
Endereço: Praça da Luz, 2 – Luz
◆ Estação Luz
Funcionamento: de terça a domingo, das 10h às 17h30
Entrada Catraca Livre aos sábados e preços populares nos demais dias

MUSEU DO TRIBUNAL DA JUSTIÇA

Está instalado no Palacete Conde de Sarzedas, edifício construído no final do século 19, que guarda lembranças da São Paulo antiga na estrutura e na decoração. Além de servir de espaço cultural e realizar exposições temporárias, visa preservar a história ligada à evolução do Poder Judiciário paulista.

Site: www.tjsp.jus.br/museu
Telefones: (11) 3295-5819 / (11) 3295-5816
Endereço: Rua Conde de Sarzedas, 100 – Centro
◆ Estação Sé
Funcionamento: de segunda a sexta, das 10h às 17h
Entrada Catraca Livre

PALÁCIO DA JUSTIÇA

Com a promulgação da Constituição, em 1891, surgiu o Tribunal de Justiça do Estado de São Paulo, inicialmente instalado em casarões do centro da cidade. A expansão do Poder Judiciário paulista tornou necessário estabelecer uma sede, que começou a ser construída em 1920 e passou a funcionar em 1933. Entretanto, sua inauguração oficial só aconteceu em 1942, quando foi entregue à cidade como uma homenagem ao aniversário de 388 anos. A visitação monitorada ao local é reconhecida pelo MEC para fins de estágio extracurricular. São expedidos certificados de participação, a pedido dos interessados.

Site: www.tjsp.jus.br/museu/palacio/palacio_justica.aspx
Telefone: (11) 3242-9366, ramal 376
Endereço: Praça Clóvis Bevilacqua, s/n.º – Centro
Funcionamento: de segunda a sexta, das 10h às 17h
Entrada Catraca Livre

PALÁCIO DOS CAMPOS ELÍSIOS

Os detalhes, os desenhos da fachada e a estrutura do casarão, inaugurado em 1898, tornam o palácio um dos melhores exemplos das casas que os ricos tinham no início da República. Em 1915, o palacete foi comprado para servir de sede do governo do Estado e, portanto, como residência do governador. Júlio Prestes, José Maria Whitaker, Jânio Quadros e Pedro de Toledo moraram na casa. Ali, também se hospedaram diversas celebridades, entre elas o rei Alberto da Bélgica, o papa Pio XII e Dwight Eisenhower, presidente dos Estados Unidos.

Endereço: Avenida Rio Branco, 1269 – Centro
Entrada Catraca Livre

passeios | zona central

$ PÁTIO DO COLÉGIO

Em 1554, depois de uma longa expedição, o padre José de Anchieta decidiu que ali seria um bom lugar para construir uma casa que serviria de alojamento para os jesuítas e posteriormente de colégio para a catequização dos índios. Atualmente, o espaço abriga um museu, uma biblioteca e a cripta do fundador.

Site: www.pateodocollegio.com.br
Telefone: (11) 3105-6899
Endereço: Praça Pátio do Colégio, 2 – Sé
◆ Estação Sé
Funcionamento: programação disponível no site
Entrada Catraca Livre e preços populares

SOLAR DA MARQUESA DE SANTOS

Reaberto no final de 2011, depois de uma temporada de obras para restauro, o Solar da Marquesa de Santos abriga atividades museológicas e a sede do Museu da Cidade de São Paulo da Divisão de Iconografia e Museus do Departamento do Patrimônio Histórico. A construção é um raro exemplar do século 18 que ainda resiste em nossos dias.

Site: www.museudacidade.sp.gov.br/solardamarquesadesantos.php
Telefone: (11) 3105-6118
Endereço: Rua Roberto Simonsen, 136 – Centro
◆ Estação Sé
Funcionamento: de terça a domingo, das 9h às 17h
Entrada Catraca Livre

$ THEATRO MUNICIPAL

Nasceu em meio ao desenvolvimento da indústria e do café, em 1911. A intenção foi construir um espaço à altura das grandes companhias estrangeiras. Seu projeto, considerado arrojado para a época, recebeu influência da Ópera de Paris, tendo na arquitetura exterior traços renascentistas barrocos do século 18. Em seu interior, há muitas obras de arte, como bustos, bronzes, medalhões, paredes decoradas, cristais, colunas neoclássicas, vitrais, mosaicos e mármores.

Site: www.prefeitura.sp.gov.br/cidade/secretarias/cultura/theatromunicipal
Telefone: (11) 3241-3815
Endereço: Praça Ramos de Azevedo, s/n.º – Centro
◆ Estação Anhangabaú
Funcionamento: programação disponível no site
Entrada Catraca Livre e preços populares

TORRE DO BANESPA

Inaugurada em 1947, seu nome oficial é Edifício Altino Arantes. A construção de 161 metros de altura demorou oito anos para ser erguida. Do alto do prédio, é possível avistar toda a região central e outros pontos turísticos, como o Mercado Municipal, o Pátio do Colégio, a Catedral da Sé, o Viaduto Santa Ifigênia, entre outros. Se o céu estiver sem nuvens, a serra da Cantareira e o pico do Jaraguá também podem ser vistos ao longe.

Telefone: (11) 3249-7466
Endereço: Rua João Brícola, 24 – Centro
Funcionamento: de segunda a sexta, das 10h às 17h
Entrada Catraca Livre

VALE DO ANHANGABAÚ

No início do século 17, a região era uma grande zona rural, onde se vendia agrião e chá. Por volta de 1877, a área começou a se urbanizar com a idealização do Viaduto do Chá, que foi inaugurado somente em 1892. A desapropriação de chácaras no local deu lugar à construção de prédios ao redor do vale.

Endereço: entre o Viaduto do Chá e o Viaduto Santa Ifigênia
◆ Estação Anhangabaú
Entrada Catraca Livre

passeios | zona **central**

VIADUTO SANTA IFIGÊNIA
O projeto do viaduto demorou uma década para ser concretizado e a construção se arrastou por três anos, tendo a inauguração ocorrido em 1913. Tem 225 metros de comprimento e atualmente serve como área de passagem para pedestres. Tem estrutura pintada de ocre, arcos multicoloridos e uma iluminação noturna que destaca suas linhas. Próximo fica a Igreja de Santa Ifigênia, uma das primeiras capelas de São Paulo, que começou a ser construída no início do século 19, foi demolida e, em 1912, com o dinheiro do povo, foi reinaugurada. A atual construção é inspirada no estilo gótico, com painéis do pintor Benedito Calixto.

Endereço: entre o Mosteiro de São Bento e a Igreja de Santa Ifigênia – Centro
Estação São Bento
Entrada Catraca Livre

VILA DOS INGLESES
Construída entre 1915 e 1919, foi inspirada na arquitetura dos chalés de subúrbio de Londres. As casas que a formam foram erguidas para abrigar os trabalhadores. Com o passar do tempo, a mão de obra que vinha da Inglaterra diminuiu e, em 1930, a vila passou a ser ocupada por famílias paulistanas. Quem anda pelo local vê ruas de paralelepípedos, tetos inclinados e fachadas típicas da capital inglesa na época. Em 1986, deu-se início a um processo de restauração. Revigorada, a vila hoje abriga sobretudo escritórios de design e arquitetura.

Endereço: Rua Mauá, 836 – Luz
Entrada Catraca Livre

Monumentos

MONUMENTO À MÃE PRETA
Inaugurada em 1955, como parte das comemorações do IV Centenário da Cidade de São Paulo, a estátua de bronze da mulher negra que amamenta a criança branca, relembrando as amas de leite do período da escravidão, está localizada estrategicamente no Largo do Paiçandu, ao lado da Igreja de Nossa Senhora do Rosário dos Homens Pretos. Tornou-se comum depositar a seus pés velas e oferendas, como flores, bebidas, comidas e pedidos em pedacinhos de papel. Atualmente, é um dos locais de comemoração da libertação dos escravos, em 13 de maio, e do Dia da Consciência Negra, em 20 de novembro.

Site: www.prefeitura.sp.gov.br/cidade/secretarias/cultura/patrimonio_historico
Endereço: Largo do Paiçandu – Centro
Entrada Catraca Livre

OBELISCO DO PIQUES
Localizado no Largo da Memória – antigo ponto de concentração de tropeiros que vinham de várias cidades do Estado –, é o monumento mais antigo de São Paulo, erguido em 1814 por Vicentinho (Vicente Gomes Pereira), um mestre de obras português. A obra, esculpida em rocha de granito cinza-claro, foi restaurada em 2005. No mesmo local, é possível ver a Pirâmide e o Chafariz do Piques, construídos na mesma época.

Endereço: Rua Xavier de Toledo com Rua Quirino de Andrade – Centro
Entrada Catraca Livre

Parques e Praças

PARQUE BENEMÉRITO JOSÉ BRÁS
Por solicitação da comunidade local, o parque foi implantado onde antes havia uma antiga praça, já utilizada para partidas de futebol e prática de exercícios. Sua área de 22,3 mil metros quadrados abriga pista de *cooper* e caminhada, aparelhos de ginástica, bicicletário, duas quadras poliesportivas, área de eventos e área de estar com mesas de xadrez.

Site: www.prefeitura.sp.gov.br/cidade/secretarias/meio_ambiente/parques
Endereço: Rua Piratininga, 365 – Brás
Telefone: (11) 3207-4706
Funcionamento: de segunda a domingo, das 7h às 18h (durante o verão abre às 6h)
Entrada Catraca Livre

PRAÇA BUENOS AIRES
Inaugurada em 1913, foi entregue à população como mais uma opção de área verde, com cercamento, espelhos d'água, esculturas e outros

passeios | zona **central**

PARQUE JARDIM DA LUZ

É tombado como patrimônio histórico. Sua área de 113,4 metros quadrados tem espaços para apresentações, coreto, comedouros para pássaros, playground, espelhos d'água, gruta com cascata, aquário subterrâneo, equipamento de ginástica, pista de *cooper*, trilha, áreas de estar, mirante, lagos e chafariz, além de esculturas de artistas como Lasar Segall e Leon Ferrari, entre outros.

Site: www.prefeitura.sp.gov.br/cidade/secretarias/meio_ambiente/parques
Telefone: (11) 3227-3545
Endereço: Rua Ribeiro de Lima, 99 – Bom Retiro
Funcionamento: de terça a domingo, das 9h às 18h
Entrada Catraca Livre

DRAGO

elementos de infraestrutura. Até hoje, é um tradicional ponto para relaxar junto à natureza em meio à agitada vida da cidade.

Telefone: (11) 3666-8032
Endereço: Avenida Angélica, s/n.º – Higienópolis
Funcionamento: de segunda a domingo, das 6h às 18h
Entrada Catraca Livre

$ PRAÇA DA REPÚBLICA

A praça foi batizada como Praça da República em 1889, quando o exército, comandado pelo marechal Deodoro, expulsou a Família Real do Brasil. Antes disso, o local teve diversos nomes, como Largo dos Curros, Praça dos Milicianos e Largo 7 de Abril. É internacionalmente conhecida em função da tradicional feira de arte e artesanato que ali acontece aos domingos, das 9h às 16h.

Endereço: Avenida Ipiranga com Rua Joaquim Gustavo – Centro
◆ Estação República
Entrada Catraca Livre

PRAÇA DA SÉ

Em 1934, foi definida como marco zero da cidade. A praça, onde fica a Catedral da Sé, exibe diversas obras de arte, como uma estátua do padre Anchieta, uma do italiano Heitor Usai e a Condor, fixada no meio de um espelho d'água.

Endereço: Rua 15 de Novembro com a Rua Direita – Sé
◆ Estação Sé
Entrada Catraca Livre

PARQUE TENENTE SIQUEIRA CAMPOS

Mais conhecido como Parque Trianon, foi inaugurado em abril de 1892 com a abertura da Avenida Paulista. Recebeu sua denominação atual em homenagem a um dos heróis da Revolta Tenentista, Antônio de Siqueira Campos. O parque possui uma reserva de Mata Atlântica e é um ótimo local para quem quer fugir por alguns instantes da fervilhante Avenida Paulista.

Site: www.prefeitura.sp.gov.br/cidade/secretarias/meio_ambiente/parques
Telefone: (11) 3289-2160
Endereço: Rua Peixoto Gomide, 949 – Cerqueira César
◆ Estação Trianon-Masp
Funcionamento: de segunda a domingo, das 6h às 18h
Entrada Catraca Livre

passeios | zona **norte**

Lugares Históricos

PARÓQUIA NOSSA SENHORA DO Ó (IGREJA DA MATRIZ)

A igreja foi construída em 1796, em homenagem à Virgem do Ó, mas acabou sendo destruída em 1896, por conta de um incêndio causado pelo sacristão, que tentou acabar com um enxame de abelhas instalado na torre. A atual Igreja da Matriz de Nossa Senhora do Ó foi inaugurada em 1901, erguida em local próximo da anterior, na Praça da Matriz. A região tem construções antigas, anteriores ao século 20, que se confundem com as edificações modernas.

Site: www.nossasenhoradoo.com.br
Telefones: (11) 3932-1702 / (11) 3931-1898
Endereço: Largo da Matriz de Nossa Senhora do Ó, s/n.º – Freguesia do Ó
Funcionamento: terças, quartas e sextas, das 7h às 21h / segundas e quintas, das 7h às 12h e das 13h às 21h / sábados, das 7h às 12h e das 13h às 18h / domingos, das 6h30 às 19h30
Entrada Catraca Livre

Parques e Praças

PARQUE ANHANGUERA

Está localizado numa antiga fazenda de reflorestamento adquirida pela Prefeitura em 1978. Sua área, de 9,5 milhões de metros quadrados, abriga o Centro de Reabilitação de Animais Silvestres, campos de futebol, lagos, quiosques, churrasqueiras, ciclovia, anfiteatro, playgrounds, quadra poliesportiva, casa de vegetação, espelho d'água, pista de *cooper* e caminhada e aparelhos de ginástica.

Site: www.prefeitura.sp.gov.br/cidade/secretarias/meio_ambiente/parques
Telefone: (11) 3917-2406
Endereço: Avenida Fortunata Tadiello Natucci, 1000 – Km 26 da Via Anhanguera
Funcionamento: de segunda a domingo, das 6h às 18h
Entrada Catraca Livre

PARQUE CIDADE DE TORONTO

Nasceu de um programa de cooperação técnica entre as prefeituras de São Paulo e de Toronto, no Canadá, com o objetivo de propiciar aprimoramento profissional, consultoria e transferência de *know-how* entre os técnicos das duas cidades. Os brejos e o lago constituem grande parte dos 109 metros quadrados do parque e apresentam uma fauna com hábitos típicos desses ecossistemas. Sua infraestrutura compreende churrasqueiras, quiosque, palco, aparelhos de ginástica, pista de *cooper* e caminhada, playground com brinquedos típicos do Canadá, quadras poliesportivas, espelho d'água e nascente.

Site: www.prefeitura.sp.gov.br/cidade/secretarias/meio_ambiente/parques
Telefone: (11) 3834-2176
Endereço: Avenida Cardeal Motta, 84 – City América – Pirituba
Funcionamento: de segunda a domingo, das 6h às 18h
Entrada Catraca Livre

PARQUE DA JUVENTUDE

Ocupa o espaço onde se localizava a Penitenciária do Carandiru, desativada em 2002. Atende a população com programação esportiva e recreativa, além de ser excelente lugar para fazer caminhadas, encontrar os amigos ou passear com a família. O complexo é dividido em três grandes espaços: Parque Esportivo, Parque Central e Parque Institucional.

Site: juventude.sp.gov.br/portal.php/divirta-se
Telefone: (11) 2251-2706
Endereço: Avenida Zaki Narchi, 1309 – Santana
◆ Estação Carandiru
Funcionamento: de segunda a domingo, das 6h às 21h30
Entrada Catraca Livre

PARQUE ESTADUAL ALBERTO LÖFGREN (HORTO FLORESTAL)

Foi a primeira área de conservação efetivamente implantada no Estado de São Paulo, no final do século 19. Possui uma área de 187 hectares, 35 deles destinados ao uso público. Quem visita o parque pode observar uma grande variedade de espécies vegetais, além de aproveitar as áreas para piquenique, uma quadra poliesportiva e um campo de futebol.

passeios | zona norte

PARQUE ESTADUAL DA CANTAREIRA

Possui uma das maiores áreas de mata tropical nativa do mundo situadas dentro de uma região metropolitana. Seus 7,9 mil hectares são formados por remanescentes de Mata Atlântica. O parque assegura a proteção de seus mananciais, além de abrigar diversas espécies animais ameaçadas de extinção, como o bugio, o gato-do-mato, a jaguatirica, o macuco, o gavião-pomba, o jacuguaçu e o bacurau-tesoura-grande. Também possui diversas espécies vegetais, incluindo algumas ameaçadas de extinção, como a imbuia, a canela-preta e a canela-sassafrás. O parque abriga quatro áreas de preservação abertas para visitação e voltadas para a educação ambiental: Núcleo Águas Claras, Núcleo Cabuçu, Núcleo Pedra Grande e Núcleo Engordador. Uma dica para aproveitar bem o passeio é chegar cedo para ter tempo de apreciar a natureza com calma e fazer as atividades oferecidas, como trilhas monitoradas, piqueniques e palestras.

Telefones: (11) 2203-0115 / (11) 2203-0073
Endereço: Rua do Horto, 1799 – Horto Florestal
Funcionamento: de segunda a sexta, das 8h às 17h. A visitação aos núcleos ocorre de terça a domingo durante os períodos de férias escolares e somente aos sábados e domingos durante o período letivo, das 8h às 17h, exceto em dias de chuva.
Preços populares

Site: www.iflorestal.sp.gov.br
Telefone: (11) 2231-8555
Endereço: Rua do Horto, 931 – Horto Florestal
Funcionamento: de segunda a domingo, das 6h às 19h
Entrada Catraca Livre

PARQUE JACINTHO ALBERTO

É sede do projeto Raquetes do Futuro, uma parceria entre a Subprefeitura de Pirituba e empresas da região que ensina tênis a crianças e jovens (de 7 a 18 anos) da comunidade, nas quadras do parque. Sua área de quase 50 mil metros quadrados conta, além das quadras de tênis, com quadra de futebol de salão, quadra poliesportiva, quadra de bocha, pista de skate, pista de caminhada, mesas para piquenique.

Site: www.prefeitura.sp.gov.br/cidade/secretarias/meio_ambiente/parques
Telefone: (11) 3994-0947
Endereço: Rua Talófitos, 16 – Pirituba
Funcionamento: de segunda a domingo, das 8h às 18h
Entrada Catraca Livre

PARQUE JARDIM FELICIDADE

São 28,8 mil metros quadrados com churrasqueiras, campo de bocha, campo de malha, mesas para jogos, quadra de basquete, quadra de futebol de salão, quadra poliesportiva, playground, nascente, lago e mesas para piquenique. Possui áreas onde se localizam árvores frutíferas, plantadas pelos frequentadores da comunidade.

Site: www.prefeitura.sp.gov.br/cidade/secretarias/meio_ambiente/parques
Telefone: (11) 3836-6786
Endereço: Rua Laudelino Vieira de Campos, 265 – Pirituba
Funcionamento: de segunda a domingo, das 7h às 18h
Entrada Catraca Livre

PARQUE LIONS CLUBE TUCURUVI

Possui um enfoque cultural e ambiental, com oferecimento de oficinas e uma exposição de fotos permanente voltada para o tema. Além disso, sua área de 23,7 mil metros quadrados tem pista de *cooper* e caminhada, playground, quadras poliesportivas, quadra de areia, gramado para piquenique, comedouro para pássaros, churrasqueiras e um acervo comunitário de livros com sala de leitura.

passeios | zona **norte**

Site: www.prefeitura.sp.gov.br/cidade/secretarias/meio_ambiente/parques
Telefone: (11) 2203-5837
Endereço: Rua Alcindo Bueno de Assis, altura do n.º 500 – Tucuruvi
Funcionamento: de segunda a domingo, das 6h às 18h
Entrada Catraca Livre

PARQUE PINHEIRINHO D'ÁGUA

São mais de 250 mil metros quadrados com pista de *cooper* e caminhada, pista de skate, pontes sobre o riacho, playground, quadra de bocha, centro de educação ambiental, centro de convivência, campos de futebol, quadras poliesportivas, churrasqueiras e ciclovia. Destaque para o mirante com vista para o pico do Jaraguá.

Site: www.prefeitura.sp.gov.br/cidade/secretarias/meio_ambiente/parques
Telefone: (11) 3928-1691
Endereço: Estrada de Taipas, s/n.º – Jardim Rincão – Pirituba
Funcionamento: de segunda a domingo, das 6h às 18h
Entrada Catraca Livre

PARQUE RODRIGO GÁSPERI

É conhecido como Parque da Lagoa, pois anteriormente havia no local uma lagoa e um córrego onde as pessoas pescavam e nadavam. Mais tarde, a lagoa foi aterrada e o córrego canalizado, mas o nome popular ainda é mais forte. Sua área de 39 mil metros quadrados abriga pista de *cooper* e caminhada, bicicletário, quadra de campo, quadra de bocha, quadra poliesportiva e playground.

Site: www.prefeitura.sp.gov.br/cidade/secretarias/meio_ambiente/parques
Telefone: (11) 3974-8600
Endereço: Avenida Miguel de Castro, 321 – Vila Zatt – Pirituba
Funcionamento: de segunda a domingo, das 6h às 18h
Entrada Catraca Livre

PARQUE SÃO DOMINGOS

São 80 mil metros quadrados com quadras poliesportivas, quadra de vôlei, campo de futebol, pista de *cooper* e caminhada, anfiteatros (tipo romano e tipo arena), aparelhos de ginástica, playground, nascentes, lago e espaço com mesas, cadeiras e churrasqueiras. Destaque para áreas de descanso em meio à mata.

Site: www.prefeitura.sp.gov.br/cidade/secretarias/meio_ambiente/parques
Telefone: (11) 3831-7083
Endereço: Rua Pedro Sernagiotti, 125 – Parque São Domingos
Funcionamento: de segunda a domingo, das 6h às 18h
Entrada Catraca Livre

PARQUE TENENTE FARIA LIMA

Originou-se de uma grande praça, cujo campo de várzea foi mantido no projeto. Ocupa uma área de mais de 40 milhões de metros quadrados, com pista de *cooper* e caminhada, campo de futebol, quadra poliesportiva e playground. Destaque para um bambuzal e um conjunto de cactos com mais de três metros de altura.

Site: www.prefeitura.sp.gov.br/cidade/secretarias/meio_ambiente/parques
Telefone: (11) 2207-1426

Endereço: Rua Heróis da FEB, 322 – Parque Novo Mundo
Funcionamento: de segunda a domingo, das 6h às 19h
Entrada Catraca Livre

PARQUE VILA GUILHERME – TROTE (PVGT)

Ocupa uma área de 187 mil metros quadrados, com pista de *cooper*, pista de corrida, ciclovia, espaço destinado a musculação, playground, quadras poliesportivas e churrasqueiras. Destaque para a Trilha dos Sentidos, destinada ao reconhecimento de espécies vegetais pelo tato, olfato e/ou visão. Outra atividade oferecida é o percurso pela Trilha das Aves, para o reconhecimento das espécies presentes no parque.

Site: www.prefeitura.sp.gov.br/cidade/secretarias/meio_ambiente/parques
Telefone: (11) 2905-0165
Endereço: Portaria 1: Avenida Nadir Dias de Figueiredo, s/n.º / Portaria 2: Rua São Quirino, 905 – Vila Maria
Funcionamento: Portaria 1: de segunda a domingo, das 5h30 às 20h / Portaria 2: de segunda a domingo, das 5h30 às 18h
Entrada Catraca Livre

Lugares Históricos

CASA DO GRITO

O documento mais antigo sobre sua origem é de 1884. Porém, dizem que quando a Independência foi proclamada por d. Pedro I, em 1822, o imóvel já existia. A casa foi originalmente construída de pau a pique, mas diversos moradores e, mais tarde, obras de restauro, alteraram sua estrutura ao longo do tempo. Desapropriada em 1936, ela permaneceu abandonada até 1955, quando ganhou o nome atual após um restauro que tentou aproximar suas características daquelas da casa representada na tela do pintor Pedro Américo, *Independência ou Morte*, também conhecida como *O Grito do Ipiranga*, que mostra o imperador no momento em que proclamava a Independência.

Site: www.museudacidade.sp.gov.br/casadogrito.php
Telefone: (11) 2273-4981
Endereço: Praça do Monumento, s/n.º – Ipiranga
Funcionamento: de terça a domingo, das 9h às 17h
Entrada Catraca Livre

CASA MODERNISTA

Datada de 1928, foi projetada pelo arquiteto Gregori Warchavchik para ser a residência onde ele moraria ao lado da mulher, Mina Klabin, que fazia parte da elite paulistana da época. É considerada a primeira obra de arquitetura moderna implantada no Brasil e gerou forte impacto nos círculos intelectuais e na opinião pública em geral. O novo estilo de construção era tão notável que, para erguê-la, o arquiteto precisou obter aprovação da prefeitura.

Site: www.museudacidade.sp.gov.br/casamodernista.php
Telefone: (11) 5083-3232
Endereço: Rua Santa Cruz, 325 – Vila Mariana
⊕ Estação Santa Cruz
Funcionamento: de terça a domingo, das 9h às 17h
Entrada Catraca Livre

PARÓQUIA NOSSA SENHORA DO BRASIL

Sua denominação surgiu no século 19, quando a imagem de Nossa Senhora foi enviada do Brasil para Nápoles, na Itália, como forma de protegê-la de profanações que ocorriam nos templos na época. Lá, começou a ser chamada informalmente de "Madonna del Brasile" – daí a origem do nome em português. A arquitetura da paróquia é inspirada nos templos mineiros e o interior recorda o das igrejas portuguesas. Possui belos painéis de pastilhas de cerâmica que lembram a Igreja de São Basílio, em Moscou, e a balaustrada de suas torres remete a minaretes muçulmanos. O altar-mor de madeira entalhada pertenceu à Igreja de Sant'Ana de Mogi das Cruzes, com data estimada de 1740.

Site: www.nossasenhoradobrasil.com.br
Telefone: (11) 3082-9786
Endereço: Avenida Brasil com Rua Colômbia – Jardim Paulista
Funcionamento: de segunda a sexta, das 7h30 às 20h / sábados, das 7h30 às 17h / domingos, das 7h30 às 21h30
Entrada Catraca Livre

SÍTIO DA RESSACA

Trata-se na verdade de uma casa, provavelmente construída em 1719, ano inscrito na verga de sua porta principal. Algumas das telhas são originais e trazem inscrições do século 18, como a data de fabricação e o nome do oleiro. As portas e batentes, de canela preta, também são originais. Foi sede de um sítio localizado nas proximidades do antigo caminho de Santo Amaro, que era banhado pelo córrego do Barreiro. Quem visita o local também pode ver exposições sobre manifestações da cultura popular.

Site: www.museudacidade.sp.gov.br/sitiodaressaca.php
Telefone: (11) 5011-7233
Endereço: Rua Nadra Raffoul Mokodsi, 3 – Jabaquara
Funcionamento: de terça a domingo, das 9h às 17h
Entrada Catraca Livre

passeios | zona **sul**

Monumentos

MONUMENTO À INDEPENDÊNCIA
Foi construído em 1922, como parte das comemorações do centenário da emancipação política brasileira. São 131 peças esculpidas em bronze, algumas delas representativas de episódios e personalidades ligados ao processo da independência, como a Revolução Pernambucana de 1817, a Inconfidência Mineira de 1789, as figuras de José Bonifácio de Andrada e Silva, Hipólito da Costa, Diogo Antônio Feijó e Joaquim Gonçalves Ledo, principais articuladores da luta pela independência. Ao longo do tempo, o monumento sofreu vários acréscimos, como a cripta onde estão depositados os despojos de d. Pedro I, da imperatriz Leopoldina e de dona Amélia, a segunda imperatriz do Brasil. Em 2000, foi criado um novo espaço em seu interior, possibilitando o acesso público às entranhas da escultura.

Site: www.museudacidade.sp.gov.br/monumentoaindependencia.php
Telefone: (11) 2068-0032
Endereço: Praça do Monumento, s/n.º – Ipiranga
Funcionamento: de terça a domingo, das 9h às 17h
Entrada Catraca Livre

MONUMENTO ÀS BANDEIRAS
Homenageia o esforço dos bandeirantes para desbravar o país. A escultura de granito tem 50 metros de comprimento e 16 de altura e foi inaugurada em 1954, juntamente com o Parque do Ibirapuera, como parte das comemorações do IV Centenário da cidade de São Paulo.

Site: www.prefeitura.sp.gov.br/cidade/secretarias/cultura/patrimonio_historico
Endereço: Avenida Pedro Álvares Cabral, em frente ao Parque do Ibirapuera
Entrada Catraca Livre

OBELISCO MAUSOLÉU AOS HERÓIS DE 32
O monumento, de 72 metros de altura, contém quatro grandes painéis trabalhados em mosaico de procedência italiana. Sua construção foi iniciada em 1947 e concluída em 1970. Guarda os corpos de mais de 700 ex-combatentes mortos durante a Revolução Constitucionalista de 1932.

Endereço: Avenida Pedro Álvares Cabral, em frente ao Parque do Ibirapuera
Entrada Catraca Livre

Parques e Praças

PARQUE DA ACLIMAÇÃO
Foi inaugurado em 1939. Seus 112 mil metros quadrados abrigam uma vasta flora, um lago, uma concha acústica, um jardim japonês com espelho d'água, uma área para piquenique, aparelhos de ginástica e pista de *cooper* e caminhada.

Telefone: (11) 3208-4042
Endereço: Rua Muniz de Souza, 1119 – Aclimação
Funcionamento: de segunda a domingo, das 6h às 20h
Entrada Catraca Livre

PARQUE DA INDEPENDÊNCIA
Em sua área de 184,8 mil metros quadrados estão localizados o Monumento à Independência, o Museu Paulista (mais conhecido como Museu do Ipiranga), os jardins de linhas clássicas, o bosque e a Casa do Grito. Destaque para os "jardins franceses", localizados à frente do museu, caracterizados por topiarias de buxos e azaleias, que delimitam canteiros de rosas, palmeiras e ciprestes.

Site: www.prefeitura.sp.gov.br/cidade/secretarias/meio_ambiente/parques
Telefone: (11) 2273-7250
Endereço: Avenida Nazareth, s/n.º – Ipiranga
Funcionamento: de segunda a domingo, das 5h às 20h

PARQUE DO CORDEIRO
São 34 mil metros quadrados com pistas de *cooper* e caminhada, pista de skate, quadra de bocha, playground, miniciclovia, quadra poliesportiva, teatro de arena, espelho d'água e praça. A primeira etapa do parque foi implantada em parceria com a Sabesp, incluindo a despoluição do córrego do Cordeiro. Uma segunda área será integrada ao parque após remanejo de vegetação, com a ajuda da comunidade na elaboração do projeto.

passeios | zona **sul**

Site: www.prefeitura.sp.gov.br/cidade/
secretarias/meio_ambiente/parques
Telefone: (11) 5524-5738
Endereço: Rua Breves,
968 – Santo Amaro
Funcionamento: de segunda
a domingo, das 7h às 18h
Entrada Catraca Livre

PARQUE GANHEMBU

Seus quase 72 mil metros quadrados abrigam duas pistas de caminhada, dois campos de futebol de areia, uma quadra de futsal e uma poliesportiva, dois quiosques para atividades sociais, além de praças com mesas com tabuleiro.

Site: www.prefeitura.sp.gov.br/
cidade/secretarias/
meio_ambiente/parques
Telefone: (11) 5661-8101
Endereço: Rua Daniel Ribeiro Calado,
40 – Interlagos
Funcionamento: de segunda
a domingo, das 5h30 às 18h
Entrada Catraca Livre

PARQUE DOS EUCALIPTOS

Inaugurado em 1955, teve origem em uma chácara, posteriormente preservada como área verde do condomínio implantado no entorno. Possui uma trilha que também serve para corredores.

Site: www.prefeitura.sp.gov.br/cidade/
secretarias/meio_ambiente/parques
Telefone: (11) 3742-6363
Endereço: Rua Ministro Guimarães,
280 – Campo Limpo
Funcionamento: de segunda
a domingo, das 7h às 18h
Entrada Catraca Livre

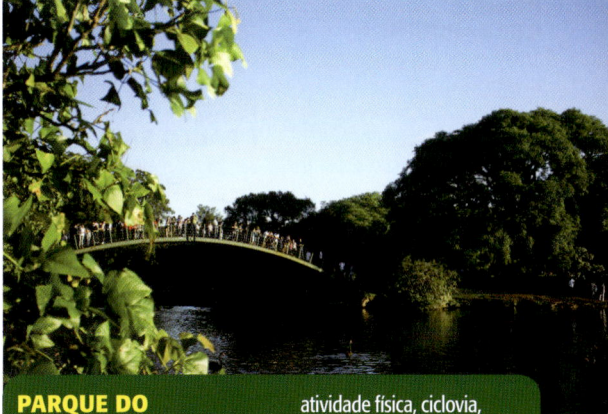

PARQUE DO IBIRAPUERA

O projeto arquitetônico é assinado por Oscar Niemeyer, e o paisagístico por Roberto Burle Marx. Inaugurado em 1954, é o parque mais frequentado de São Paulo e oferece vasto número de atrações e programas. Abriga o Planetário, o Museu de Arte Moderna, o Pavilhão da Bienal, o Pavilhão Japonês, o Viveiro Manequinho Lopes, entre outros espaços. Além disso, há várias áreas para atividade física, ciclovia, quadras e playground. Nos finais de semana, o parque se enche de ciclistas, corredores, pessoas que passeiam com seus cães, famílias e grupo de amigos.

Site: www.parquedo
ibirapuera.com
Telefone: (11) 5573-4180
Endereço: Avenida Pedro
Álvares Cabral – Moema
Funcionamento: de segunda
a domingo, das 5h à 0h
Entrada Catraca Livre

passeios | zona sul

PARQUE GUARAPIRANGA
São mais de 150 mil metros quadrados que abrigam quiosques, churrasqueiras, trilha, quadras poliesportivas, playgrounds, pista de *cooper*, bosque, quadra de campo e a praia formada pela represa de Guarapiranga (até a data de impressão deste guia, a represa estava fechada para obras, sem previsão de abertura).

Site: www.prefeitura.sp.gov.br/cidade/secretarias/meio_ambiente/parques
Telefone: (11) 5514-6332
Endereço: Estrada de Guarapiranga, 575 – Parque Alves de Lima – M'Boi Mirim
Funcionamento: de terça a domingo, das 6h às 18h
Entrada Catraca Livre

PARQUE JARDIM HERCULANO
Foi implantado numa Área de Proteção aos Mananciais (APM) e dispõe de trilha para atividades monitoradas de educação ambiental, equipamentos de ginástica para terceira idade e sala para atividades. É destinado ao lazer contemplativo. Sua área de mais de 75 mil metros quadrados tem muitos cursos d'água, que fazem parte da bacia do córrego Guavirituba e desembocam na represa de Guarapiranga.

Site: www.prefeitura.sp.gov.br/cidade/secretarias/meio_ambiente/parques
Telefone: (11) 5833-7351
Endereço: Estrada da Riviera, 2282 – Jardim Herculano
Funcionamento: de segunda a domingo, das 6h às 18h
Entrada Catraca Livre

PARQUE LINA E PAULO RAIA
São 15 mil metros quadrados que abrigam um comedouro para pássaros, áreas de estar, pista de caminhada, quiosques, playground e a Escola Municipal de Iniciação Artística (Emia) da Secretaria Municipal de Cultura, que realiza um trabalho de iniciação às artes para crianças de 5 a 12 anos de idade.

Site: www.prefeitura.sp.gov.br/cidade/secretarias/meio_ambiente/parques
Telefone: (11) 5017-6522
Endereço: Rua Volkswagen s/n.º – Jabaquara
⊕ Estação Conceição
Funcionamento: de segunda a domingo, das 7h às 18h
Entrada Catraca Livre

PARQUE NABUCO
Com mais de 30 mil metros quadrados, tem churrasqueiras, comedouro para pássaros, aparelhos de ginástica, pista de *cooper* e caminhada, playground, quadra poliesportiva, quadra de campo, aquário, viveiro e trilhas ecológicas com marcação nas árvores.

Site: www.prefeitura.sp.gov.br/cidade/secretarias/meio_ambiente/parques
Telefone: (11) 5678-6002
Endereço: Rua Frederico Albuquerque, 120 – Cidade Ademar
Funcionamento: de segunda a domingo, das 6h às 18h
Entrada Catraca Livre

PARQUE SANTO DIAS
Sua área de mais de 130 mil metros quadrados é originária de uma antiga fazenda. Destaca-se pelas trilhas em meio à mata. Abriga quadras de vôlei, futsal e basquete, aparelhos de ginástica, pista de *cooper* e caminhada, playground, viveiro de mudas, viveiro de plantas medicinais e uma nascente com um pequeno lago com várias espécies de peixe.

Site: www.prefeitura.sp.gov.br/cidade/secretarias/meio_ambiente/parques
Telefone: (11) 5511-9356
Endereço: Rua Jasmim da Beirada, 71 (entrada alternativa pela Rua Arroio das Caneleiras, s/n.º) – Estrada de Itapecerica – Capão Redondo
Funcionamento: de segunda a domingo, das 6h às 18h
Entrada Catraca Livre

PARQUE SEVERO GOMES
Conhecido pelos antigos frequentadores como "Pracinha da Granja", é remanescente de uma área verde que desde a década de 1970 abrigava um Centro de Convivência pertencente ao loteamento de duas chácaras, Vila Elvira e Granja Julieta. Foi inaugurado em 1989 e em 1992 recebeu o nome atual. Com 34,9 mil metros quadrados, é dividido por ruas e abriga áreas de lazer com playground, aparelhos de ginástica, pista de *cooper* e caminhada e bicicletário. Destaque para a área arborizada junto a um córrego, com trilhas para caminhada.

passeios | zona sul

Site: www.prefeitura.sp.gov.br/cidade/
secretarias/meio_ambiente/parques
Telefone: (11) 5687-4994
Endereço: Rua Pires de Oliveira,
356 – Granja Julieta
Funcionamento: de segunda a
domingo, das 7h às 19h
Entrada Catraca Livre

Programas

CICLOFAIXA

A CicloFaixa Cidade de São Paulo integra os parques das Bicicletas, do Povo, do Ibirapuera, Villa-Lobos e o futuro Parque Clube do Chuvisco. São 45 quilômetros de percurso sinalizados por placas e uma equipe de 500 pessoas ao longo do trajeto, que auxilia os ciclistas. Os detalhes do percurso podem ser conferidos no site.

Site: www.ciclofaixa.com.br
Funcionamento: domingos e feriados nacionais, das 7h às 16h
Entrada Catraca Livre

$ ZOOLÓGICO

Inaugurado em 1958, localiza-se numa área de aproximadamente 824 mil metros quadrados de Mata Atlântica original e aloja nascentes do histórico riacho do Ipiranga, cujas águas formam um lago que acolhe exemplares de aves de várias espécies. Além dos animais em exposição em recintos e terrários amplos e semelhantes ao habitat natural, abriga animais nativos de vida livre que perambulam na mata. O público pode agendar visitas monitoradas e passeios noturnos, e ainda assistir a apresentações didáticas sobre os animais e o meio ambiente.

Site: www.zoologico.sp.gov.br
Telefone: (11) 5073-0811
Endereço: Avenida Miguel Stéfano, 4241 – Água Funda
Funcionamento: de terça a domingo, das 9h às 16h
Preços populares

PARQUE SHANGRILÁ

Fica dentro da Área de Proteção Ambiental Bororé-
-Colônia e tem cerca de 75 mil metros quadrados, com espaços de lazer, dotados de equipamentos esportivos, e outros, de preservação, com entrada restrita. Oferece atividades de educação ambiental e possui playground, quadra de areia, área de estar com mesas e bancos, trilhas, viveiro, duas nascentes e horta.

Site: www.prefeitura.sp.gov.br/cidade/
secretarias/meio_ambiente/parques
Telefone: (11) 5933-3015
Endereço: Rua Irmã Maria Lourença, 250 – Grajaú
Funcionamento: de segunda a domingo, das 6h às 18h
Entrada Catraca Livre

$ ZOO SAFÁRI

O percurso de quatro quilômetros para apreciar a fauna e a flora do lugar pode ser feito em veículo particular ou em veículo próprio do Zoo Safári, com orientação de monitores. Ao contrário do que acontecia no passado, atualmente as feras, como leões, tigres e ursos, ficam em ambientes cercados por telas, para que os visitantes possam desfrutar do passeio em segurança.

Site: www.zoologico.sp.gov.br/zoosafari (em reforma)
Telefones: (11) 6336-2131 / (11) 6336-2132
Endereço: Avenida do Cursino, 6338 – Vila Moraes
Funcionamento: de terça a domingo, das 9h às 16h
Preços populares

Lugares Históricos

CASA DO TATUAPÉ
Seus registros mais antigos são de 1698. É uma construção de taipa de pilão, com seis cômodos e dois sótãos. Funciona como centro cultural, aberto à visitação, com atividades voltadas especialmente para a terceira idade.

Site: www.museudacidade.sp.gov.br/casadotatuape.php
Telefone: (11) 2296-4330
Endereço: Rua Guabiju, 49 – Tatuapé
◆ Estação Tatuapé
Funcionamento: de terça a domingo, das 9h às 17h
Entrada Catraca Livre

$ CAPELA DE SÃO MIGUEL ARCANJO
É o templo mais antigo de São Paulo, conhecido popularmente como Capela dos Índios, porque foi construído por índios guaianás catequizados pelos jesuítas, em 1622. Da primitiva e rudimentar capela não restaram vestígios, apenas informações documentadas. A segunda construção, levantada para substituí-la, é a que está aberta para visitação. Após uma restauração que durou sete anos, foi devolvida ao público em março de 2011, juntamente com um circuito de visitação que conta sua história. O restauro recuperou praticamente todas as paredes de taipa originais, assim como as pinturas que as ilustram.

Site: www.capeladesao miguelarcanjo.blogspot.com
Telefone: (11) 2032-3921
Endereço: Praça Padre Aleixo Monteiro Mafra, 11 – São Miguel Paulista
Funcionamento: quintas e sextas, das 10h às 12h e das 13h às 16h / sábados, das 10h às 12h e das 13h às 16h
Preços populares

MEMORIAL DO IMIGRANTE
Localizado na sede da extinta Hospedaria dos Imigrantes, datada de 1886, atualmente abriga o Museu da Imigração, que revela a história do país e de sua miscigenação racial tão característica. Até a data de impressão deste guia, o espaço estava fechado para obras de restauro, sem previsão de abertura.

Site: www.memorialdo imigrante.sp.gov.br
Telefone: (11) 2692-7804
Endereço: Rua Visconde de Parnaíba, 1316 – Mooca
◆ Estação Bresser
Funcionamento: programação disponível no site
Preços populares

Parques e Praças

PARQUE CHÁCARA DAS FLORES
Tem mais de 41 mil metros quadrados de área, com um galpão coberto para jogos, quadra poliesportiva, playground, aparelhos de ginástica, deck para contemplação e um pátio de descanso, além de trilhas, pista de *cooper* e caminhada em meio à mata.

Site: www.prefeitura.sp.gov.br/cidade/secretarias/meio_ambiente/parques
Telefone: (11) 2963-1055
Endereço: Estrada Dom João Nery, 3551 – Itaim Paulista
Funcionamento: de segunda a domingo, das 6h às 18h
Entrada Catraca Livre

PARQUE CHICO MENDES
A área, de mais de 61 metros quadrados, pertencia a uma chácara em São Miguel Paulista, uma das regiões mais carentes de verde da cidade, devido à produção de lenha e carvão, matéria-prima utilizada na urbanização da região na década de 1930. O parque leva o nome de Francisco Mendes Filho – Chico Mendes –, seringueiro, sindicalista e ecologista. Quem visita o local pode ver exposições que acontecem no Casarão, além de aproveitar as áreas de lazer, com churrasqueiras, quiosques, quadras poliesportivas, pista de *cooper*, playground, aparelhos de ginástica, quadra de campo e trilhas.

Site: www.prefeitura.sp.gov.br/cidade/secretarias/meio_ambiente/parques
Telefone: (11) 2035-2270
Endereço: Rua Cembira, 1201 – Vila Curuçá Velho
Funcionamento: de segunda a domingo, das 7h às 18h

passeios | zona leste

◈ Estação Artur Alvim
Entrada Catraca Livre

PARQUE CONSCIÊNCIA NEGRA

O parque de mais de 130 mil metros quadrados recebeu o nome em homenagem à população local, formada em boa parte por afrodescendentes. A inauguração aconteceu em 20 de novembro de 2009, Dia da Consciência Negra, quando foi plantado um baobá, árvore de origem africana. Fazem parte de sua infraestrutura quiosques, ciclovia, pista para caminhada, parque infantil, mesa para jogos, campo de futebol, trilhas e grande terreiro para prática de capoeira, danças e apresentações culturais.

Site: www.prefeitura.sp.gov.br/cidade/secretarias/meio_ambiente/parques
Telefone: (11) 2285-1940
Endereço: Rua José Francisco Brandão, 320 – Cidade Tiradentes
Funcionamento: de segunda a domingo, das 6h às 18h
Entrada Catraca Livre

PARQUE DA CIÊNCIA

Sua área de 187 mil metros quadrados abriga um campo gramado, duas quadras poliesportivas, centro de convivência, bancos e mesas para jogos, além de uma sala multiuso para promoção de educação ambiental e uso da comunidade. Futuramente, o local também receberá um playground.

Site: www.prefeitura.sp.gov.br/cidade/secretarias/meio_ambiente/parques
Telefone: (11) 2282-2579
Endereço: Rua Ernestina Levina, 266 – Conjunto Habitacional Santa Etelvina
Funcionamento: de segunda a domingo, das 6h às 18h
Entrada Catraca Livre

PARQUE DO CARMO

A área de 1,5 milhão de metros quadrados era uma fazenda, cujo casarão foi mantido como parte das edificações do parque. Abriga o Museu do Meio Ambiente, o Viveiro Arthur Etzel, um anfiteatro natural, lagos, aparelhos de ginástica, campos de futebol, ciclovia, pista de *cooper* e caminhada, playground, quiosques e cerca de 80 churrasqueiras.

Site: www.prefeitura.sp.gov.br/cidade/secretarias/meio_ambiente/parques
Telefones: (11) 2748-0010 / (11) 2746-5001
Endereço: Avenida Afonso de Sampaio e Souza, 951 – Itaquera
Funcionamento: de segunda a domingo, das 6h às 18h
Entrada Catraca Livre

PARQUE VILA DO RODEIO

O terreno, antes abandonado, foi transformado em parque em 2009. A área tem mais de 600 mil metros quadrados, com equipamentos esportivos, pista de *cooper* e caminhada, churrasqueiras, bicicletário, ciclovia, campo de futebol, mina d'água, quadras poliesportivas, pista de skate, playground, comedouro para pássaros, quiosques e horta. O parque ainda possui três nascentes, localizadas nas partes mais baixas do terreno. Elas formam pequenos cursos d'água, que cortam parte da área e deságuam no córrego Itaquera.

Site: www.prefeitura.sp.gov.br/cidade/secretarias/meio_ambiente/parques
Telefone: (11) 2555-4655
Endereço: Rua Igarapé da Bela Aurora, 342 – Inácio Monteiro
Funcionamento: de segunda a domingo, das 6h às 19h
Entrada Catraca Livre

PARQUE ECOLÓGICO DO TIETÊ

Está instalado numa área de proteção ambiental, localizada na várzea do rio Tietê, abrangendo parte dos municípios de São Paulo, Itaquaquecetuba e Guarulhos. Há diversos equipamentos sociais, recreativos, esportivos e de lazer. A flora, em constante recuperação, serve de refúgio para os animais silvestres. Abriga o Centro de Educação Ambiental, o Centro Cultural, o Museu do Tietê, a Biblioteca, um palco para shows, cinco quadras poliesportivas, 17 campos de futebol, playgrounds, áreas de ginástica, quiosques com churrasqueiras, trilhas e aluguel de pedalinhos, barcos e bicicletas.

Site: www.ecotiete.org.br
Telefone: (11) 2858-1477
Endereço: Rua Guiará Acangatara, 70 – Engenheiro Goulart
◈ Estação Penha
Funcionamento: de terça a domingo, das 9h às 16h
Entrada Catraca Livre

PARQUE ERMELINO MATARAZZO

O terreno de aproximadamente 5 mil metros quadrados abrigava a casa de veraneio da família Matarazzo. A mansão, hoje o último testemunho do desenvolvimento industrial de São Paulo na região, abriga a administração. O parque conta com churrasqueiras, playground, equipamentos para prática de exercícios, bosque e horta.

Site: www.prefeitura.sp.gov.br/cidade/secretarias/meio_ambiente/parques
Telefone: (11) 2214-7481
Endereço: Rua Abel Tavares, 1584 – Ermelino Matarazzo
Funcionamento: de segunda a sexta, das 8h às 17h / sábados, das 8h às 14h
Entrada Catraca Livre

PARQUE LAJEADO

Implantado numa antiga chácara no distrito do Lajeado, o parque preservou toda a área de mata nativa existente. São 36 mil metros quadrados com playground, áreas de recreação, bancos, mesas para jogos e um centro de educação ambiental.

Site: www.prefeitura.sp.gov.br/cidade/secretarias/meio_ambiente/parques
Telefone: (11) 2153-6215
Endereço: Rua Antônio Thadeo, s/n.º – Lajeado
Funcionamento: de segunda a domingo, das 6h às 18h
Entrada Catraca Livre

PARQUE LYDIA NATALIZIO DIOGO

Ocupa uma área de 60 mil metros quadrados com playground, pista de *cooper* e caminhada, viveiro e lago com carpas. Possui um centro de educação ambiental que cultiva uma horta orgânica e um mandala de plantas medicinais, oferecendo técnicas de uso para os visitantes.

Site: www.prefeitura.sp.gov.br/cidade/secretarias/meio_ambiente/parques
Telefone: (11) 2910-8774
Endereço: Rua João Pedro Lecor, s/n.º – Vila Prudente
Funcionamento: de segunda a domingo, das 6h às 22h
Entrada Catraca Livre

PARQUE PIQUERI

Faz alusão ao nome da tribo indígena que habitava a área localizada às margens do rio Grande, atual Tietê. São quase 100 mil metros quadrados com áreas de estar, pista de *cooper*, bicicletário, campo de futebol de areia, quadra de campo, quadras poliesportivas, aparelhos de ginástica, playground, lago, palco para apresentações e conchas de bocha.

Site: www.prefeitura.sp.gov.br/cidade/secretarias/meio_ambiente/parques
Telefone: (11) 2097-2213
Endereço: Rua do Tuiuti, 515 – Tatuapé
◆ Estação Tatuapé
Funcionamento: de segunda a domingo, das 6h às 18h
Entrada Catraca Livre

PARQUE RAUL SEIXAS

O parque era uma fazenda que produzia carvão na década de 1930 e representa hoje a maior área verde próxima à Cohab José Bonifácio. As duas principais construções do parque – a Administração e a Casa de Cultura – são remanescentes das edificações da fazenda. Seus 33 mil metros quadrados abrigam quadras poliesportivas, quiosques, aparelhos de ginástica, quadra de bocha, playground, um lago e uma nascente.

Site: www.prefeitura.sp.gov.br/cidade/secretarias/meio_ambiente/parques
Telefone: (11) 2527-4142
Endereço: Rua Murmúrios da Tarde, 211 – Cohab 2 – Conjunto José Bonifácio – Itaquera
Funcionamento: de segunda a domingo, das 6h às 18h
Entrada Catraca Livre

PARQUE SANTA AMÉLIA

Foi criado inicialmente como praça pública e mais tarde transformado em parque, com a ajuda e a participação da população local desde a fase de elaboração do projeto até o término das obras. Sua área de 34 mil metros quadrados abriga pista de *cooper* e caminhada, ciclovia, minivieveiro, miniquadra de futebol, quadra de vôlei, quadras poliesportivas, quadra de bocha, aparelhos de ginástica, mesas para jogos e playgrounds.

Site: www.prefeitura.sp.gov.br/cidade/secretarias/meio_ambiente/parques
Telefone: (11) 2963-3382
Endereço: Rua Timóteo Correia de Góes, 30 – Jardim das Oliveiras – Itaim Paulista
Funcionamento: de segunda a domingo, das 6h às 18h
Entrada Catraca Livre

passeios | zona **leste**

PARQUE TIQUATIRA

Além de ser importante via de acesso para a Zona Leste, abriga uma imensa área verde, que os moradores da região utilizam para lazer e prática de esportes. No decorrer dos anos, tornou-se um ponto de encontro da juventude, devido à instalação de vários bares e restaurantes, e à realização de espetáculos e shows. O nome faz referência ao córrego canalizado em toda sua extensão. O parque tem pouco mais de 3 quilômetros de comprimento e sua largura chega a atingir 100 metros em determinados locais. Possui campo de futebol, pista para caminhada, centro esportivo, pista de skate, equipamentos para ginástica, quiosques, bebedouros e um anfiteatro.

Endereço: Avenida Governador Carvalho Pinto, altura do n.º 1200 – Penha
Funcionamento: de segunda a domingo, das 8h às 19h
Entrada Catraca Livre

JARDINS E PLANTAS

REGAR JARDINS E PLANTAS DURANTE 10 MINUTOS SIGNIFICA UM GASTO DE 186 LITROS.

VOCÊ PODE ECONOMIZAR 96 LITROS SE TOMAR OS SEGUINTES CUIDADOS:

1. REGUE O JARDIM DURANTE O VERÃO PELA MANHÃ OU À NOITE, O QUE REDUZ A PERDA POR EVAPORAÇÃO;

2. DURANTE O INVERNO, REGUE O JARDIM EM DIAS ALTERNADOS E PREFIRA O PERÍODO DA MANHÃ;

3. MOLHE A BASE DAS PLANTAS, NÃO AS FOLHAS.

BANCOCYAN.COM.BR

passeios | zona oeste

Lugares Históricos

CAPELA DO MORUMBI

Foi construída em 1949 sobre as ruínas de uma casa de taipa de pilão do século 19. Nas últimas duas décadas, tem recebido trabalhos de destacados representantes das artes plásticas brasileiras, como Carlos Fajardo, Carmela Gross, José Resende, Nelson Leirner, José Spaniol e Hudinilson Júnior.

Site: www.museudacidade.sp.gov.br/capeladomorumbi.php
Telefone: (11) 3772-4301
Endereço: Avenida Morumbi, 5387 – Morumbi
Funcionamento: de terça a domingo, das 9h às 17h
Entrada Catraca Livre

Parques e Praças

PARQUE ALFREDO VOLPI

Fica numa área de 142 mil metros quadrados e oferece diversas trilhas para caminhada, em que podem ser observadas variadas espécies de animais e plantas. Há ainda três lagos, que ficam em diferentes níveis e são alimentados por uma nascente natural. Os frequentadores contam também com uma pista de *cooper* e caminhada e um playground.

Site: www.prefeitura.sp.gov.br/cidade/secretarias/meio_ambiente/parques
Telefone: (11) 3031-7052
Endereço: Rua Engenheiro Oscar Americano, 480 – Morumbi
Funcionamento: de segunda a domingo, das 6h às 18h (durante o verão, fica aberto até às 19h)
Entrada Catraca Livre

PARQUE DA ÁGUA BRANCA

Criado em 1929, com o nome de Parque da Água Branca, seria rebatizado em 1950 com o nome de Parque Dr. Fernando Costa, em homenagem a seu idealizador. Porém, a primeira denominação até hoje tem força e é por ela que o lugar é mais conhecido. Possui quase 137 mil metros quadrados, dos quais 79 mil são de área verde, 27 mil de área edificada e 30 mil de área pavimentada (ruas, alamedas e pátios). O número aproximado de espécies arbóreas adultas é de 3 mil – todas plantadas. É um passeio ideal para quem busca se afastar da agitação sem precisar ir muito longe. No espaço está a Casa do Caboclo – réplica das casas de taipa existentes no interior – e a Arena, onde são realizados os cursos de equitação e eventos diversos. Nos finais de semana, é comum ver tocadores de viola tradicional rodeados de pessoas que acompanham atentamente as modas. O local ainda abriga o Centro de Referência em Educação Ambiental e o Aquário (com entrada a preço popular).

Site: www.parqueaguabranca.sp.gov.br
Telefones: (11) 3865-4130 / (11) 3865-4131
Endereço: Avenida Francisco Matarazzo, 455 – Água Branca
Funcionamento: de segunda a domingo, das 6h às 22h
Entrada Catraca Livre

passeios | zona **oeste**

PARQUE BURLE MARX

Exibe um conjunto de esculturas num painel de altos e baixos-relevos, espelhos d'água e jardins criados pelo famoso paisagista ali homenageado. As caminhadas pelas trilhas na mata são o forte do parque, que ocupa uma área de mais de 138 mil metros quadrados. Não é permitido o uso de bicicletas, patins e skates.

Site: www.parqueburlemarx.com.br
Telefone: (11) 3746-7631
Endereço: Avenida Dona Helena Pereira de Morais, 200 – Panambi
Funcionamento: de segunda a domingo, das 7h às 19h
Entrada Catraca Livre

PARQUE COLINA DE SÃO FRANCISCO

Para quem gosta de caminhar sem tomar muito sol, este é o destino ideal. É bastante sombreado por árvores de grande porte, cujo aspecto de mata nativa favorece a prática de contemplação da natureza. São quase 50 mil metros quadrados com trilhas, playground, pista de *cooper* e caminhada, ciclovia, praça de jogos e aparelhos de ginástica.

Site: www.prefeitura.sp.gov.br/cidade/secretarias/meio_ambiente/parques
Telefone: (11) 3768-9168
Endereço: Rua Doutor Cândido Mota Filho, 751 – Butantã
Funcionamento: de segunda a domingo, das 6h às 18h
Entrada Catraca Livre

PARQUE DO POVO (MÁRIO PIMENTA CAMARGO)

São 112 mil metros quadrados que abrigam um complexo esportivo, com quadras poliesportivas especialmente demarcadas para a prática de esportes paraolímpicos, campo de futebol gramado, aparelhos de ginástica de baixo impacto, ciclovia, pista de caminhada e trilhas. Destaque para o Jardim Sensitivo, com plantas aromáticas e medicinais. As espécies do jardim despertam o tato, o olfato e o paladar, e as pessoas podem tocar, cheirar e até morder folhas de plantas e árvores para conhecê-las.

Site: www.prefeitura.sp.gov.br/cidade/secretarias/meio_ambiente/parques
Telefone: (11) 3073-1217
Endereço: Avenida Henrique Chamma, 490 – Itaim Bibi
Funcionamento: de segunda a domingo, das 6h às 22h
Entrada Catraca Livre

PARQUE LUÍS CARLOS PRESTES

O projeto paisagístico do parque, que ocupa uma área de 112 mil metros quadrados, priorizou a preservação da mata existente, motivo pelo qual os equipamentos de lazer e as edificações foram adequados à vegetação nativa, formada por gramados, jardins e capoeiras espalhados pelos platôs entre encostas de morro. Abriga um complexo esportivo, com quadras poliesportivas com marcação especial para esportes paraolímpicos, campo de futebol gramado, aparelhos de ginástica de baixo impacto, ciclovia e pista de caminhada e trilhas.

Site: www.prefeitura.sp.gov.br/cidade/secretarias/meio_ambiente/parques
Telefone: (11) 3721-4965
Endereço: Rua João Della Manna, 665 – Jardim Rolinópolis – Butantã
Funcionamento: de segunda a domingo, das 7h às 18h
Entrada Catraca Livre

PARQUE PREVIDÊNCIA

No local onde hoje se encontra o parque funcionava um reservatório de água que abastecia o bairro da Previdência até 1968. A antiga casa de bombas e a estação de tratamento de água foram adaptadas, e hoje funcionam em suas estruturas o Museu do Meio Ambiente, o Núcleo de Gestão Descentralizada Centro-Oeste e um Centro de Convivência e Cooperativa da Secretaria Municipal da Saúde. Seus mais de 91 mil metros quadrados abrigam comedouro de pássaros, área de estar, trilhas, pista de *cooper* e caminhada, playground, viveiro de animais, orquidário e espelhos d'água. Destaque para a Trilha do Jequitibá, onde os usuários podem conhecer aspectos históricos, botânicos e ecológicos da mata.

Site: www.prefeitura.sp.gov.br/cidade/secretarias/meio_ambiente/parques
Telefone: (11) 3721-8951
Endereço: Rua Pedro Peccinini, 88 – Jd. Previdência
Funcionamento: de segunda a domingo, das 7h às 18h
Entrada Catraca Livre

passeios | zona **oeste**

PARQUE RAPOSO TAVARES

Localizado junto à rodovia Raposo Tavares, tem área de 195 mil metros quadrados e abriga campo de malha, pista de *cooper* e caminhada, playground, quadras poliesportivas, campo de futebol, campinhos de terra, áreas de estar e aparelhos de ginástica.

Site: www.prefeitura.sp.gov.br/cidade/secretarias/meio_ambiente/parques
Telefone: (11) 3735-1372
Endereço: Rua Telmo Coelho Filho, 200 – Vila Albano
Funcionamento: de segunda a domingo, das 7h às 18h
Entrada Catraca Livre

PARQUE VILA DOS REMÉDIOS

O parque, com quase 110 mil metros quadrados, localiza-se em uma área que pertencia à Congregação Franciscana Filhas da Divina Providência, então conhecida como Bosque das Freiras. O terreno foi desapropriado em 1976, e o parque inaugurado em 1979. Sua topografia é bastante acidentada, com uma mina d'água e dois córregos que cortam o terreno, encharcando sua parte mais baixa. Quem visita o local pode usufruir de playground, churrasqueiras, trilhas, pista de *cooper* e caminhada, ciclovia e quadras poliesportivas.

Site: www.prefeitura.sp.gov.br/cidade/secretarias/meio_ambiente/parques
Telefone: (11) 3625-1419
Endereço: Rua Carlos Alberto Vanzolini, 413 – Vila dos Remédios
Funcionamento: de segunda a domingo, das 7h às 18h
Entrada Catraca Livre

PARQUE VILLA-LOBOS

Dos 732 mil metros quadrados do parque, 612 mil são de área verde. Possui um anfiteatro aberto com 750 lugares, que recebe shows de artistas nacionais e internacionais, uma praça central de 100 mil metros quadrados, brinquedos de madeira, pistas de *cooper* e caminhada, ciclovia, sete quadras de tênis, dois campos de futebol gramados, campo de futebol de areia, duas quadras poliesportivas, quadra de basquete, quadra de futsal, duas quadras de vôlei de areia, quatro tabelas de basquete de rua, dois playgrounds, 30 conjuntos de aparelhos de ginástica, 49 quiosques, 30 mesas de xadrez, locação de bicicletas, patins e assemelhados.

Site: www.ambiente.sp.gov.br/parquevillalobos
Telefones: (11) 3023-0316 / (11) 3023-2229
Endereço: Avenida Professor Fonseca Rodrigues, 2001 – Alto de Pinheiros
Funcionamento: de segunda a domingo, das 6h às 18h (durante o verão fica aberto até às 19h)
Entrada Catraca Livre

passeios | zona oeste

PRAÇA VICTOR CIVITA

Construída no local onde funcionou por 40 anos um incinerador de lixo (cujo terreno passou por um processo de descontaminação), oferece uma série de atividades esportivas, musicais e de bem-estar. Sua área de mais de 13 mil metros quadrados abriga o Museu da Sustentabilidade, um deck de madeira, palco, arquibancada, praça de paralelepípedos, horta, oficina de educação ambiental, bosque e bicicletário.

Site: www.pracavictorcivita.abril.com.br
Telefone: (11) 3031-3689
Endereço: Rua Sumidouro, 580 – Pinheiros
Funcionamento: de segunda a domingo, das 6h30 às 19h
Entrada Catraca Livre

PRAÇA ZILDA NATEL

O espaço de 2,3 mil metros quadrados foi antes o canteiro de obras para a construção da Estação Sumaré da Linha Verde do Metrô, aberta em novembro de 1998. O parque tem nove painéis grafitados nos muros, arquibancadas e pistas de skate. Além das pistas – que contaram com a participação de membros da Confederação Brasileira de Skate para serem projetadas –, o visitante pode usufruir da quadra de basquete de rua, de mesas para jogos de tabuleiro e de uma academia com 10 aparelhos para ginástica laboral e de baixo impacto.

Site: www.prefeitura.sp.gov.br/cidade/secretarias/meio_ambiente/parques
Telefone: (11) 5524-5738
Endereço: Rua Cardoso de Almeida com Avenida Doutor Arnaldo
Funcionamento: de segunda a domingo, das 9h às 21h (exceto dias em que há jogo no Estádio do Pacaembu)
⊕ Estação Sumaré
Entrada Catraca Livre

UNIVERSIDADE DE SÃO PAULO

Uma das maiores áreas verdes da capital paulista, o *campus* da Cidade Universitária ocupa aproximadamente 2,7 milhões de metros quadrados do bairro do Butantã. Além dos prédios destinados ao ensino, museus, bibliotecas e outros institutos ligados à pesquisa e cultura, o local tem áreas abertas com gramados, jardins, canteiros, com muitas árvores e arbustos. A população costuma usar o espaço para práticas esportivas, como corrida, caminhada e ciclismo, ou ainda para passear em família, levando inclusive os animais de estimação.

Site: www.usp.br
Telefones: (11) 3091-3116 / (11) 3091-3121
Endereço: Avenida Afrânio Peixoto s/n.º (depois da Rua Alvarenga) – Cidade Universitária – Butantã
⊕ Estação Butantã
Funcionamento: de segunda a sexta, das 5h às 20h / sábados, das 5h às 14h
Entrada Catraca Livre

Programas

CICLOFAIXA

A CicloFaixa Cidade de São Paulo integra os Parques das Bicicletas, do Povo, do Ibirapuera, Villa-Lobos e o futuro Parque Clube do Chuvisco. São 45 km de percurso sinalizados por placas e uma equipe de 500 pessoas ao longo do trajeto, que auxilia os ciclistas. Os detalhes do percurso podem ser conferidos no site.

Site: www.ciclofaixa.com.br
Funcionamento: domingos e feriados nacionais, das 7h às 16h
Entrada Catraca Livre

CURSOS E OFICINAS

cursos e oficinas | zona central

$ CENTRO CULTURAL SÃO PAULO

Concebido para abrigar uma extensão da Biblioteca Mário de Andrade, o CCSP se transformou em um dos primeiros espaços culturais multidisciplinares do país. Sua grade de cursos e oficinas passa pelas artes plásticas, dança, música, práticas corporais, psicodrama, teatro, entre outras modalidades. Programação disponível no site.

Site: www.centrocultural.sp.gov.br
Telefones: (11) 3397-4002 / (11) 3397-4062
Endereço: Rua Vergueiro, 1000 – Paraíso
✚ Estação Vergueiro
Funcionamento: de terça a domingo, das 10h às 21h
Entrada Catraca Livre e preços populares

CASA DAS ROSAS

Oferece cursos voltados para o universo da literatura, estética poética, narrativa, história da literatura, análise de obras literárias e de autores. Programação disponível no site.

Site: www.poiesis.org.br/casadasrosas
Telefones: (11) 3285-6986 / (11) 3288-9447
Endereço: Avenida Paulista, 37 – Bela Vista
✚ Estação Brigadeiro
Funcionamento: de terça a sábado, das 10h às 22h / domingos, das 10h às 18h
Entrada Catraca Livre

ESCOLA DE DANÇA DE SÃO PAULO

O novo nome da antiga Escola Municipal de Bailado, fundada em 1940, reflete uma transformação conceitual que envolve tanto as áreas administrativa e pedagógica como a artística. A proposta de formação está sendo ampliada e, além do balé clássico, passou a ter como eixo a dança contemporânea. Para ingressar nos cursos é preciso passar por um processo seletivo anual.

Site: www.prefeitura.sp.gov.br/cidade/secretarias/cultura/theatromunicipal
Telefones: (11) 3241-1332 / (11) 3241-5336
Endereço: Baixos do Viaduto do Chá, s/n.º – Centro
✚ Estação Anhangabaú
Funcionamento: de segunda a sexta, das 9h às 11h30 e das 13h30 às 16h30
Entrada Catraca Livre

ESCOLA DE MÚSICA DO ESTADO DE SÃO PAULO TOM JOBIM (UNIDADE LUZ)

Com cursos totalmente gratuitos, a Emesp Tom Jobim é uma escola especializada na formação dos futuros profissionais da música erudita e popular. Além de concertos e shows, promove palestras, workshops e *master classes*. O Núcleo de Música Antiga Emesp é o único de seu gênero no país dedicado à formação em instrumentos de época (renascentistas e barrocos). Também sedia os Grupos Jovens do Estado de São Paulo, de formação pré-profissional.

Site: www.emesp.org.br
Telefones: (11) 3585-9888 / (11) 3585-9897
Endereço: Largo General Osório, 147 – Luz
✚ Estação Luz
Funcionamento: programação disponível no site
Entrada Catraca Livre

$ GALERIA OLIDO

Oferece cursos e oficinas de dança, música, teatro e informática. A bem diversificada programação diária do espaço também inclui sessões de cinema, espetáculos musicais e exposições. Programação disponível no site.

Site: www.prefeitura.sp.gov.br/cidade/secretarias/cultura/galeria_olido
Telefones: (11) 3331-8399 / (11) 3397-0171
Endereço: Avenida São João, 473 – República
✚ Estação República
Funcionamento: de terça a domingo, das 10h às 21h
Entrada Catraca Livre e preços populares

cursos e oficinas | zona central

DENISE ADAMS

FUNDAÇÃO NACIONAL DA ARTE

Mais conhecida como Funarte, é responsável pelo desenvolvimento, no âmbito federal, de políticas públicas de fomento às artes visuais, à música, ao teatro, à dança e ao circo. Periodicamente, oferece workshops nas mesmas áreas.

Site: www.funarte.gov.br
Telefone: (11) 3662-5177
Endereço: Alameda Nothmann, 1058 – Campos Elísios
Funcionamento: programação disponível no site
Entrada Catraca Livre

OFICINA CULTURAL OSWALD DE ANDRADE

Oferece atividades de formação de recursos humanos para a cultura – principalmente para jovens profissionais e novos artistas – em áreas como artes plásticas, ação e administração cultural, cinema, dança, design, fotografia, história em quadrinhos, literatura, música, rádio e teatro. Programação disponível no site.

OFICINA CULTURAL AMÁCIO MAZZAROPI

É um centro fomentador da cultura brasileira, responsável pelo resgate da cultura popular e pelo intercâmbio entre artistas, com atividades nas diversas expressões. O trabalho de formação e inclusão cultural é voltado para o público amador e profissional. Oferece cursos regulares de circo, dança, fotografia, patrimônio histórico e teatro. Programação disponível no site.

Site: www.oficinasculturais.org.br
Telefones: (11) 2292-7071 / (11) 2292-7711
Endereço: Avenida Rangel Pestana, 2401 – Brás
◆ Estação Bresser
Funcionamento: de segunda a sexta, das 13h às 22h / sábados, das 13h às 18h
Entrada Catraca Livre

Site: www.oficinasculturais.org.br
Telefones: (11) 3221-5558 / (11) 3222-2662
Endereço: Rua Três Rios, 363 – Bom Retiro
◆ Estação Tiradentes
Funcionamento: de segunda a sexta, das 9h às 22h / sábados, das 10h às 18h
Entrada Catraca Livre

$ PINACOTECA DO ESTADO

Oferece cursos sobre diversos temas ligados ao universo das artes. Nem todos os eventos são gratuitos, e por isso é preciso consultar a programação, disponível no site. A proposta dos programas educativos é atuar por meio de estímulos capazes de estabelecer diálogos com os visitantes, tendo como ponto de partida a percepção, a interpretação e a compreensão das obras enfocadas.

Site: www.pinacoteca.org.br
Telefone: (11) 3335-4990
Endereço: Largo General Osório, 66 – Luz (próximo à estação de trem Júlio Prestes)
◆ Estação Luz
Funcionamento: de terça a domingo, das 10h às 17h30
Entrada Catraca Livre aos sábados e preços populares nos demais dias

cursos e oficinas | zona **central**

PROGRAMA GURI

É um programa do Governo do Estado de São Paulo, gerido pela Santa Marcelina – Organização Social de Cultura. Oferece 13.500 vagas em cursos de formação em música para crianças e adolescentes de 6 a 18 anos, nas modalidades iniciação musical (6-9 anos) e curso sequencial (10-18 anos). Nos seus 50 polos de ensino, em 12 municípios da Grande São Paulo, também promove cursos de música para a comunidade. Tem cinco grupos infantojuvenis: Orquestra Sinfônica, Banda Sinfônica, Coral, Orquestra de Cordas e Camerata de Violões. Programação disponível no site.

Site: www.gurisantamarcelina.org.br
Telefone: (11) 3585-9888
Endereço: sede administrativa: Largo General Osório, 147, 3.º andar – Luz
Funcionamento: programação disponível no site
Entrada Catraca Livre

ASSESSORIA DE IMPRENSA

$ SESC CARMO

A unidade oferece diversos cursos e oficinas nas áreas de artes plásticas, dança, música, teatro, entre outros. Programação disponível no site.

Site: www.sescsp.org.br
Telefone: (11) 3111-7000
Endereço: Rua do Carmo, 147 – Centro
Funcionamento: de segunda a sexta, das 9h às 20h
Entrada Catraca Livre e preços populares

SP ESCOLA DE TEATRO – CENTRO DE FORMAÇÃO DAS ARTES DO PALCO

Foi criada para suprir a demanda de profissionais qualificados nas áreas técnicas teatrais, como atuação, cenografia, figurino, dramaturgia, humor, iluminação, sonoplastia e técnicas de palco. Seu projeto se apoia em três pilares: cursos regulares, cursos de difusão cultural e Programa Kairós, responsável por uma interface com estudantes de escolas públicas que sonham em se tornar profissionais das artes do palco contemplados com bolsas-auxílio. Os cursos são gratuitos, e o ingresso neles depende de um processo seletivo.

Site: www.spescoladeteatro.org.br
Telefones: (11) 2292-7988 / (11) 2292-8143
Endereço: Avenida Rangel Pestana, 2401 – Brás
Funcionamento: programação disponível no site
Entrada Catraca Livre

cursos e oficinas | zona norte

CASA DE CULTURA DA BRASILÂNDIA
Oferece oficinas de teatro vocacional, dança, capoeira, entre outras. A programação pode ser consultada por telefone.

Telefone: (11) 3922-7664
Endereço: Praça Benedicta Cavalheiro, s/n.º – Brasilândia
Funcionamento: de segunda a sexta, das 8h30 às 16h
Entrada Catraca Livre

CASA DE CULTURA DO TREMEMBÉ
Oferece oficinas de teatro, artesanato, dança, idiomas, entre outras. A programação pode ser consultada por telefone.

Telefone: (11) 2991-4291
Endereço: Rua Maria Amália Lopes de Azevedo, 190 – Tremembé
Funcionamento: de segunda a sexta, das 8h às 17h
Entrada Catraca Livre

CASA DE CULTURA SALVADOR LIGABUE
Oferece oficinas de capoeira, dança, teatro, balé clássico, desenho artístico, corpo de baile e dança de salão. A programação pode ser consultada por telefone.

Telefone: (11) 3931-8266
Endereço: Largo da Matriz, 215 – Freguesia do Ó
Funcionamento: de terça a domingo, das 9h às 18h30
Entrada Catraca Livre

CENTRO CULTURAL DA JUVENTUDE RUTH CARDOSO
Oferece oficinas culturais voltadas para o público jovem. Cursos nas áreas de audiovisual, animação, quadrinhos, produção musical e produção cultural.
Programação disponível no site.

Site: ccjuve.prefeitura.sp.gov.br
Telefone: (11) 3984-2466
Endereço: Avenida Deputado Emílio Carlos, 3641 – Vila Nova Cachoeirinha
Funcionamento: de terça a sábado, das 10h às 20h / domingos, das 10h às 18h
Entrada Catraca Livre

CENTRO INDEPENDENTE DE CULTURA ALTERNATIVA SOCIAL
Entre os cursos oferecidos pelo Cicas, estão capoeira, teatro, dança, música, inglês e educação ambiental.

Site: www.projetocicas.blogspot.com
Endereço: Avenida do Poeta, 740 – Jardim Julieta
Funcionamento: programação disponível no site
Entrada Catraca Livre

OFICINA CULTURAL MAESTRO JUAN SERRANO
Oferece palestras, workshops e exposições nas áreas de música, teatro, dança, artes plásticas.
Programação disponível no site.

Site: www.oficinasculturais.org.br
Telefone: (11) 3994-3362
Endereço: Rua Joaquim Pimentel, 200 – Vila Brasilândia
Funcionamento: de segunda a sexta, das 8h às 19h / sábados, das 13h às 18h
Entrada Catraca Livre

$ SESC SANTANA
Oferece cursos e oficinas nas áreas de esporte, artes plásticas e multimídia.
Programação disponível no site.

Site: www.sescsp.org.br
Telefone: (11) 2971-8700
Endereço: Avenida Luiz Dumont Villares, 579 – Santana
Funcionamento: de terça a sexta, das 10h às 22h / sábados, das 10h às 21h / domingos e feriados, das 10h às 19h
Entrada Catraca Livre
e preços populares

PARQUE DA JUVENTUDE
Oferece programação esportiva e recreativa, incluindo aulas gratuitas. São aulas de skate, tênis, vôlei, futsal feminino e masculino, handebol, kick boxing e taekwondo. Programação disponível no site.

Site: juventude.sp.gov.br/portal.php/divirta-se
Telefone: (11) 2251-2706
Endereço: Avenida Zaki Narchi, 1309 – Santana
✦ Estação Carandiru
Funcionamento: de segunda a domingo, das 6h às 21h30
Entrada Catraca Livre

cursos e oficinas | zona **sul**

ASSOCIAÇÃO CULTURAL BLOCO DO BECO

Com a ajuda dos moradores locais, a associação conseguiu reunir propostas que unissem a comunidade por meio de cursos e oficinas. São aulas de instrumentos musicais, como cavaquinho, violão, saxofone e percussão, e de dança, como maracatu e hip hop, além de oficinas de teatro e rodas de leitura.

Site: www.blogdoblocodobeco.blogspot.com
Telefone: (11) 5851-4288
Endereço: Rua Acédio José Fontanette, Viela 6, n.º 7 – Campo da Erundina – Jardim Ibirapuera
Funcionamento: programação disponível no site
Entrada Catraca Livre

CASA DE CULTURA GRAJAÚ – PALHAÇO CAREQUINHA

Oferece oficinas de teatro, música, desenho, capoeira, entre outras atividades.

Site: www.casadeculturagrajau.blogspot.com
Telefone: (11) 5924-9135
Endereço: Rua Professor Oscar Barreto Filho, 50 – Parque América – Grajaú
Funcionamento: programação disponível no site
Entrada Catraca Livre

CASA DE CULTURA CHICO SCIENCE

Oferece oficinas de teatro vocacional e capoeira. A programação pode ser consultada por telefone.

Telefone: (11) 2969-7066
Endereço: Avenida Tancredo Neves, 1265 – Moinho Velho – Sacomã
Funcionamento: de segunda a sexta, das 9h às 18h (dependendo da programação, o horário pode estender-se até as 22h)
Entrada Catraca Livre

CASA DE CULTURA MANOEL CARDOSO DE MENDONÇA

Oferece atividades para crianças com síndrome de Down e para a terceira idade, além de oficinas de capoeira, violão e artes plásticas. A programação pode ser consultada por telefone.

Telefone: (11) 5522-8897
Endereço: Praça Doutor Francisco Ferreira Lopes, 434 – Santo Amaro
◆ Estação Largo 13
Funcionamento: de segunda a domingo, das 9h às 18h
Entrada Catraca Livre

CASA DE CULTURA M'BOI MIRIM

Oferece oficinas de contos e histórias, xadrez, tai chi chuan, dança de rua, capoeira, dança afro, samba-rock, guitarra, contrabaixo e aulas de violão. Programação disponível no site.

Site: www.cpcmboi.blogspot.com
Telefone: (11) 5514-3408
Endereço: Avenida Inácio Dias da Silva, s/n.º (altura do n.º 1000 da Estrada M'Boi Mirim) – Piraporinha
Funcionamento: de segunda a sexta, das 8h às 18h
Entrada Catraca Livre

CASA DO ZEZINHO

A Casa do Zezinho é uma entidade não governamental localizada entre os bairros Capão Redondo, Parque Santo Antônio e Jardim Ângela. Sua atuação se dá em toda a rede de relações dos "Zezinhos" (crianças e jovens entre 6 e 21 anos), envolvendo a escola, a família, a saúde, as leis e a cidadania. Por meio de um processo de construção do conhecimento, a instituição estimula a criação e a reflexão crítica dos participantes dos programas, tendo como meta o desenvolvimento humano. Entre as atividades estão cursos de artes plásticas, mosaicos, máscaras e fantoches, dança, percussão e música.

Site: www.casadozezinho.org.br
Telefone: (11) 5512-0878
Endereço: Rua Anália Dolácio Albino, 30 – Parque Maria Helena
Funcionamento: programação disponível no site
Entrada Catraca Livre

cursos e oficinas | zona sul

CENTRO CULTURAL DO JABAQUARA
O espaço se dedica à criação e divulgação artística e cultural afro-brasileira e à preservação e valorização da história da população negra na cidade de São Paulo. Entre suas atividades destacam-se as oficinas de capoeira, dança afro, cavaquinho, violão, flauta doce, teatro vocacional, artes plásticas, grafite e cultura popular. A programação pode ser consultada por telefone.

Telefone: (11) 5011-2421
Endereço: Rua Arsênio Tavolieri, 45 – Jabaquara
◆ Estação Jabaquara
Funcionamento: segundas e quintas, das 8h às 17h / terças, quartas e sextas, das 8h às 22h / sábados e domingos, das 9h às 18h
Entrada Catraca Livre

CENTRO CULTURAL MONTE AZUL
Organiza oficinas voltadas para práticas culturais e formação profissional. Suas atividades são direcionadas ao público infantil e jovem.

Site: www.monteazul.org.br
Telefone: (11) 5853-8080
Endereço: Avenida Tomás de Souza, 552 – Jardim Monte Azul
◆ Estação Giovanni Gronchi
Funcionamento: programação disponível no site
Entrada Catraca Livre

CLUBE ESCOLA DE IATISMO
Conhecido como um esporte elitista, o iatismo tem se popularizado nos últimos anos. Por conta disso, a Secretaria de Esportes, Lazer e Recreação da Cidade de São Paulo passou a oferecer cursos gratuitos de noções básicas de manejo do barco, na represa de Guarapiranga, para crianças e adolescentes entre 10 e 17 anos e também para a terceira idade.

Telefone: (11) 5543-1345
Endereço: Rua Francisco de Seixas, 225 – Jardim Nova Guarapiranga
Funcionamento: consulte a programação por telefone
Entrada Catraca Livre

ESCOLA DE MÚSICA DO ESTADO DE SÃO PAULO TOM JOBIM (UNIDADE BROOKLIN)
Com cursos totalmente gratuitos, a Emesp Tom Jobim é especializada na formação dos futuros profissionais da música erudita e popular. Além de concertos e shows, promove palestras, workshops e *master classes*. O Núcleo de Música Antiga Emesp é o único do gênero no país, dedicado à formação em instrumentos de época (renascentistas e barrocos). A Escola também sedia os Grupos Jovens do Estado de São Paulo, de formação pré-profissional.

Site: www.emesp.org.br
Telefone: (11) 5041-3650
Endereço: Avenida Padre Antônio José dos Santos, 1019 – Brooklin
Funcionamento: programação disponível no site
Entrada Catraca Livre

ESCOLA MUNICIPAL DE INICIAÇÃO ARTÍSTICA
Fundada em 1980, a Emia realiza um trabalho de iniciação às artes para crianças entre 5 e 12 anos. O conteúdo dos cursos envolve música, teatro, dança e artes plásticas. O ingresso é por meio de um sorteio anual. Em paralelo, oferece oficinas optativas semestrais e anuais para alunos, ex-alunos, crianças e jovens da comunidade, entre 7 e 18 anos.

Site: www.emia.com.br
Telefones: (11) 5017-7552 / (11) 5016-0179
Endereço: Rua Volkswagen, s/n.º, casa 3 – Jabaquara

cursos e oficinas | zona sul

◆ Estação Conceição
Funcionamento: programação disponível no site
Entrada Catraca Livre

FUNDAÇÃO DIXTAL
Visa estimular a cultura por meio do relacionamento colaborativo. Promove palestras, oficinas e workshops sobre leitura e educação.

Site: www.brasilcampeao.org.br
Telefone: (11) 5852-5452
Endereço: Rua Geraldo Fraga de Oliveira, 624/628 – Jardim São Luís
Funcionamento: programação disponível no site
Entrada Catraca Livre

JARDIM MIRIAM ARTE CLUBE
O Jamac foi criado em 2004 com a ajuda da artista Mônica Nador, que, com outros artistas e moradores do Jardim Miriam, idealizou um espaço de experimentação artística e convivência, com debates políticos e culturais. Oferece cursos de cinema digital e inglês, além de promover cafés filosóficos.

Site: www.jamacdigital.wordpress.com
Telefone: (11) 5626-9720
Endereço: Rua Maria Balades Corrêa, 8 – Jardim Luso
Funcionamento: programação disponível no site
Entrada Catraca Livre

PAÇO CULTURAL JÚLIO GUERRA – CASA AMARELA
Realiza oficinas de artes cênicas, artes plásticas, literatura e música, além de promover torneios de damas e xadrez.

Site: www.pcjulioguerra.blogspot.com
Telefone: (11) 5548-1115
Endereço: Praça Floriano Peixoto, 131 – Santo Amaro
Funcionamento: programação disponível no site
Entrada Catraca Livre

$ SESC INTERLAGOS
A unidade oferece peças de teatro, shows, exibição de filmes e oficinas, voltadas principalmente para a área de multimídia, internet e dança. Programação disponível no site.

Site: www.sescsp.org.br
Telefone: (11) 5662-9500
Endereço: Avenida Manuel Alves Soares, 1100 – Parque Colonial
Funcionamento: de quarta a domingo, das 9h às 17h
Entrada Catraca Livre e preços populares

$ SESC SANTO AMARO
É a mais recente unidade da rede Sesc, inaugurada em novembro de 2011. Assim como nas outras unidades, o público tem acesso a shows de música, espetáculos, exposições, cursos, entre outras apresentações e atividades. Destaque para as oficinas de artes plásticas, aulas de internet, práticas digitais e multimídia e para cursos ligados a esportes, como natação, tênis e judô.

Site: www.sescsp.org.br
Telefone: (11) 5541-4000
Endereço: Rua Amador Bueno, 505 – Santo Amaro
◆ Estação Largo 13
Funcionamento: programação disponível no site
Entrada Catraca Livre e preços populares

ASSESSORIA/DIVULGAÇÃO

FÁBRICA DE CRIATIVIDADE
É um dos lugares mais recomendados para quem procura cursos de música, dança, artes em geral e idiomas. Alguns deles são violão erudito, guitarra, percussão, bateria, canto, MC, saxofone, teclado, metais, piano popular, piano erudito, baixo, cavaquinho, desenho, história em quadrinhos, grafite, pintura, teatro, capoeira, dança contemporânea, dança afro, *break*, produção cultural, elaboração de projetos culturais, robótica e inglês.

Site: www.fabricadecriatividade.com.br
Telefone: (11) 5513-3512
Endereço: Rua Doutor Luís da Fonseca Galvão, 248 – Parque Maria Helena – Capão Redondo
◆ Estação Capão Redondo
Funcionamento: programação disponível no site
Entrada Catraca Livre

cursos e oficinas | zona leste

CASA DE CULTURA DA PENHA
Oferece oficinas de artes plásticas, teatro e música. A programação pode ser consultada por telefone.

Telefone: (11) 2296-6172
Endereço: Largo do Rosário, 20 – Penha
🚇 Estação Penha
Funcionamento: de segunda a sexta, das 10h às 18h
Entrada Catraca Livre

CASA DE CULTURA DE SÃO MIGUEL PAULISTA
Oferece oficinas de teatro, música e dança. A programação pode ser consultada por telefone.

Telefone: (11) 2297-9177
Endereço: Rua Irineu Bonardi, 169 – Vila Pedroso – São Miguel Paulista
Funcionamento: de segunda a sexta, das 10h às 16h (dependendo da programação, esse horário pode estender-se até as 22h)
Entrada Catraca Livre

CASA DE CULTURA DO ITAIM PAULISTA
Oferece oficinas de teatro, capoeira, canto e coral, hip hop, ginástica, ginástica para terceira idade, inglês, artes visuais, kenpo, entre outras. Programação disponível no site.

Site: www.centrocultural itaimpaulista.blogspot.com
Telefone: (11) 2963-2742
Endereço: Rua Barão de Alagoas, 340 – Itaim Paulista
Funcionamento: de segunda a domingo, das 9h às 21h
Entrada Catraca Livre

GALPÃO DE CULTURA
Sob gestão da Fundação Tide Setubal, em parceria com a Sociedade Amigos do Jardim Lapenna, o espaço reúne adolescentes, jovens e suas famílias. Entre as atividades oferecidas estão oficina de construção de instrumentos musicais, curso de comunicação, encontros para reflexão sobre temas da juventude e relacionados à qualidade de vida e aos direitos sociais. Destaque para a Oficina Escola de Culinária Jardim Lapenna, que oferece diferentes cursos na instituição – ministrados pelo Sesi –, com a proposta de criar oportunidade de geração de renda para os moradores do bairro. Programação disponível no site.

Site: www.ftas.org.br
Telefone: (11) 2956-0091
Endereço: Rua Serra da Juruoca, 112 – Jardim Lapenna – São Miguel Paulista
Funcionamento: de segunda a sexta, das 7h às 18h / sábado, das 8h às 18h
Entrada Catraca Livre

VERONICA MANEVY

CASA DE CULTURA RAUL SEIXAS
Oferece teste vocacional e oficinas de dança, teatro, ioga, capoeira, entre outras. A programação pode ser consultada por telefone.

Telefone: (11) 2521-6411
Endereço: Rua Murmúrios da Tarde, 211 – Parque Raul Seixas – Cohab II – Itaquera
Funcionamento: de segunda a domingo, das 9h às 17h30
Entrada Catraca Livre

ESTAÇÃO DA JUVENTUDE
Oferece formação em conceitos de cidadania, apoio educacional e capacitação profissional, além de repertório cultural nas áreas de produção musical, comunicação e expressão. A programação pode ser consultada por telefone.

Telefone: (11) 2285-7739
Endereço: Rua Pedro Iovine, 161 – Cidade Tiradentes
Funcionamento: de segunda a sexta, das 8h às 12h e das 13h às 17h
Entrada Catraca Livre

OFICINA CULTURAL LUIZ GONZAGA
Promove palestras, workshops e oficinas de artes plásticas, circo, dança, folclore, literatura, música, teatro e vídeo. Tem um forte laço com a comunidade, por isso atua em parcerias, que propiciam atividades externas programadas em escolas, associações, salões

cursos e oficinas | zona **leste**

comunitários e outros espaços culturais da região. Programação disponível no site.

Site: www.oficinasculturais.org.br
Telefone: (11) 2956-2449
Endereço: Rua Amadeu Gamberini, 259 – São Miguel Paulista
Funcionamento: de segunda a sexta, das 14h às 22h / sábado, das 14h às 18h
Entrada Catraca Livre

INSTITUTO POMBAS URBANAS

Desde 1994, o grupo dedica-se a transferir os conhecimentos desenvolvidos em sua prática teatral de 20 anos para outros jovens, ministrando cursos e oficinas de iniciação ao teatro em bairros da periferia da cidade. O objetivo é gerar novas oportunidades de acesso à arte para um público que se assemelha aos fundadores do instituto na época em que criaram o espaço para suprir a mesma necessidade. Programação disponível no site.

Site: www.pombasurbanas.org.br
Telefone: (11) 2285-5962
Endereço: Avenida dos Metalúrgicos, 2100 – Cidade Tiradentes
Funcionamento: de terça a domingo, das 10h às 18h
Entrada Catraca Livre

OFICINA CULTURAL ALFREDO VOLPI

Promove a inclusão cultural e social, apoiando os artistas da comunidade. Durante o ano, apresenta atividades diversificadas e permanentes, ministradas por profissionais selecionados, em várias modalidades artísticas, como dança, teatro, artes plásticas, cinema, vídeo, fotografia, história em quadrinhos, música, canto, cultura geral, cultura afro-brasileira, literatura, gestão cultural, entre outras. Programação disponível no site.

Site: www.oficinasculturais.org.br
Telefone: (11) 2205-5180
Endereço: Rua Victório Santin, 206 – Itaquera
Funcionamento: de segunda a sexta, das 13h às 22h / sábados, das 10h às 18h
Entrada Catraca Livre

MARCIA ALVES

cursos e oficinas | zona oeste

BIBLIOTECA ALCEU AMOROSO LIMA
Além de exposições, palestras, apresentações teatrais e musicais, oferece oficinas de teatro, dança e música. Programação disponível no site.

Site: www.prefeitura.sp.gov.br/cidade/secretarias/cultura/bibliotecas/programas_projetos/bibliotecas_tematicas/
Telefone: (11) 3082-5023
Endereço: Rua Henrique Schaumann, 777 – Pinheiros
Funcionamento: de segunda a sexta, das 8h às 17h / sábados, das 9h às 16h
Entrada Catraca Livre

CASA JAYA
Oferece oficinas e atividades voltadas para as artes cênicas e a educação ambiental. Programação disponível no site.

Site: www.casajaya.com.br
Telefone: (11) 2935-6987
Endereço: Rua Capote Valente, 305 – Pinheiros
⊕ Estação Clínicas
Funcionamento: programação disponível no site
Entrada Catraca Livre

CASA DE CULTURA DO BUTANTÃ
Oferece oficinas de iniciação teatral e teatro, tear, violão, sapateado americano, tai chi chuan, ioga, capoeira, origami, entre outras.

Site: www.prefeitura.sp.gov.br/cidade/secretarias/subprefeituras/butanta/casa_de_cultura

$ CENTRO ESPORTIVO PACAEMBU
O Pacaembu não é só um estádio de futebol. Dentro dele funciona um complexo esportivo com piscina olímpica aquecida, ginásio poliesportivo, ginásio de saibro, quadra externa de tênis, quadra poliesportiva externa, pista de *cooper*, salas de ginástica e posto médico. O uso de parte do complexo, como a piscina e a quadra de futsal externa, e o acesso a algumas atividades, como as aulas de musculação ou de dança, são gratuitos. A programação pode ser consultada por telefone.

Telefone: (11) 3664-4650
Endereço: Praça Charles Miller, s/n.º – Pacaembu
Funcionamento: de segunda a sexta, das 8h às 20h / sábados e domingos, das 9h às 16h
Entrada Catraca Livre e preços populares

Telefones: (11) 3742-6218 / (11) 3744-4369
Endereço: Rua Junta Mizumoto, 13 – Jardim Peri Peri
Funcionamento: de terça a sábado, das 8h às 22h
Entrada Catraca Livre

CIDADE ESCOLA APRENDIZ
Oferece oficinas e cursos de arte-educação para jovens e crianças, com atividades que envolvem vídeo, música e habilidades manuais.

Site: www.cidadeescolaaprendiz.org.br
Telefone: (11) 3813-7719
Endereço: Rua Padre João Gonçalves, 160 – Vila Madalena
Funcionamento: programação disponível no site
Entrada Catraca Livre

$ CINE GALPÃO
Oferece cursos de formação nas mais diversas funções técnicas da produção audiovisual, como iluminador ou operador de câmera. Realiza oficinas na área e ainda

cursos e oficinas | zona **oeste**

oferece bolsas de estudo aos alunos que têm interesse em trabalhar nos projetos da instituição.

Site: www.blogcine galpao.blogspot.com
Telefones: (11) 2768-7577 / (11) 2768-7775
Endereço: Rua Scipião, 138 – Lapa
Funcionamento: programação disponível no site
Preços populares

CLUBE ESCOLA DE TÊNIS

Oferece treinamento de alto nível para os jovens que querem praticar o esporte. Sob o comando da tenista Patrícia Medrado, experiente e premiada atleta brasileira da modalidade, o programa teve início nas quadras situadas no Complexo Esportivo do Pacaembu, em 2008. Atualmente, ele funciona em mais 22 espaços públicos, cujos endereços podem ser consultados no site.

Site: www.prefeitura.sp.gov.br/ cidade/secretarias/esportes/clube_ escola/clube_escola_de_tenis
Telefone: (11) 3664-4650
Endereço: Praça Charles Miller, s/n.º – Pacaembu
Funcionamento: programação disponível no site
Entrada Catraca Livre

ESPAÇO CULTURAL TENDAL DA LAPA

Entre suas atividades estão as oficinas voltadas para música, teatro, dança e brincadeiras.

Site: www.tendaldalapa.blogspot.com
Telefone: (11) 3862-1837
Endereço: Rua Guaicurus, 1100 – Lapa
Funcionamento: programação disponível no site
Entrada Catraca Livre

MUSEU DA IMAGEM E DO SOM

Oferece oficinas que mesclam as linguagens do cinema, vídeo, fotografia e música. Algumas delas são realizadas no LabMis, o primeiro laboratório de novas mídias instalado em um museu público brasileiro, que, além da infraestrutura formada por equipamentos de ponta, oferece apoio prático e teórico para o desenvolvimento de projetos inovadores e de qualidade nas áreas de fotografia digital, vídeo digital, cinema digital, audioarte, web arte, games, computação gráfica, design de interfaces e computação, comunidades digitais e software colaborativo, entre outras.

Site: www.mis.sp.gov.br
Telefone: (11) 2117-4777
Endereço: Avenida Europa, 158 – Auditório MIS – Jardim Europa
Funcionamento: de terça a sábado, das 12h às 22h / domingos e feriados, das 11h às 21h
Entrada Catraca Livre e preços populares

cursos e oficinas | zona **oeste**

OFICINA DA PALAVRA CASA MÁRIO DE ANDRADE

Funciona na casa que foi do escritor e intelectual Mário de Andrade. A programação é voltada para áreas específicas do texto e da literatura. Os projetos incluem o estudo de diversos gêneros literários (conto, romance, poesia e dramaturgia), jornalismo, crítica, assim como a criação e a interpretação de textos. Há também palestras, ciclos de depoimentos de escritores, leituras dramáticas, recitais, mostras de filmes, lançamentos de livros e saraus.

Site: www.cultura.sp.gov.br
Telefones: (11) 3666-5803 / (11) 3826-4085
Endereço: Rua Lopes Chaves, 546 – Barra Funda
Funcionamento: de segunda a sexta, das 13h às 22 h / sábados, das 10h às 14h
Entrada Catraca Livre

PRAÇA VICTOR CIVITA

Além de realizar eventos culturais, oferece à população programas regulares dedicados à qualidade de vida e ao bem-estar, como práticas esportivas e atividades diversas, como ioga, alongamento, pilates, tai chi chuan, dança, pintura, escultura em argila, artesanato, inglês, francês e japonês. Programação disponível no site.

Site: www.pracavictor civita.abril.com.br
Telefone: (11) 3031-3689
Endereço: Rua Sumidouro, 580 – Pinheiros
Funcionamento: de segunda a domingo, das 6h30 às 19h
Entrada Catraca Livre

$ SESI VILA LEOPOLDINA

As oficinas e bate-papos começam no mês de março e vão até o fim do ano. Durante os meses de janeiro e fevereiro, é oferecido um calendário de atividades especialmente voltado para o verão. Programação disponível no site.

Site: www.sesisp.org.br/cultura
Telefone: (11) 3833-1066
Endereço: Rua Carlos Weber, 835 – Vila Leopoldina
Funcionamento: de segunda a sexta, das 8h às 18h / sábados, das 8h às 16h
Entrada Catraca Livre e preços populares

$ SESC PINHEIROS

A unidade oferece diversos cursos e oficinas nas áreas de esporte, artes plásticas, multimídia e internet e expressão corporal. Programação disponível no site.

Site: www.sescsp.org.br
Telefone: (11) 3095-9400
Endereço: Rua Paes Leme, 195 – Pinheiros
◆ Estação Faria Lima
Funcionamento: de terça a sexta, das 10h às 21h30 / sábados, domingos e feriados, das 10h às 18h30
Entrada Catraca Livre e preços populares

$ SESC POMPEIA

A unidade oferece oficinas de artes plásticas e visuais, multimídia e internet, cursos de expressão corporal e dança, além de aulas de diversas práticas esportivas. Programação disponível no site.

Site: www.sescsp.org.br
Telefone: (11) 3871-7700
Endereço: Rua Clélia,

MARCIA ALVES

cursos e oficinas | zona **oeste**

93 – Pompeia
Funcionamento: de terça a sábado, das 9h às 22h / domingos e feriados, das 9h às 20h
Entrada Catraca Livre e preços populares

💲 TEATRO DA VILA
Oferece uma rica programação, voltada para artes cênicas, música, dança e outras manifestações artísticas, com apresentações, oficinas e palestras. Programação disponível no site.

Site: www.teatrodavila.org.br
Telefone: (11) 7838-0182 (Danilo)
Endereço: Rua Jericó, 256 – Vila Madalena
◆ Estação Vila Madalena
Funcionamento: de segunda a sábado, a partir das 21h
Preços populares, no estilo "pague o quanto vale"

---

banco CYAN **ambev**

CONHEÇA O BANCO CYAN. AQUI, A MOEDA SÃO LITROS DE ÁGUA. QUANTO MAIS VOCÊ ECONOMIZA, MAIS PONTOS VOCÊ GANHA. É TUDO FEITO DE UM JEITO SIMPLES E DESCOMPLICADO.

VOCÊ ECONOMIZA ÁGUA = ACUMULA PONTOS NO BANCO = GANHA DESCONTOS EM COMPRAS

CLIENTE ESPECIAL PARA O BANCO CYAN É AQUELE QUE GASTA MENOS.

Sua conta de água vira sua conta corrente. Com ela, você pode controlar toda a sua economia de água.

BANCOCYAN.COM.BR

COMO FUNCIONA

O saldo da economia de água da sua conta é revertido em pontos que valem descontos em sites como Americanas.com, Submarino e outros.

AMERICANAS.com   Submarino
BLOCKBUSTER   shoptime   Abril

Ou seja, você economiza água no banho e já economiza dinheiro na hora de comprar um produto ou serviço.

Praça da Sé	Mercado Municipal
Auditório Ibirapuera	Pinacoteca
Teatro Municipal	Parque do Ibirapuera
Biblioteca São Paulo	Parque da Luz

Museu de Arte Sacra	Edifício Altino Arantes
Casa das Rosas	Parque da Água Branca
Edifício Copan	Instituto Itaú Cultural
Centro Cultural São Paulo	Museu do Ipiranga

FOTOS DRAGO

Parque do Ibirapuera

FOTOS DRAGO

Vista do centro da cidade, a partir do Edifício Altino Arantes

Este guia foi composto em Formata
Impresso em Couché Fosco 90g